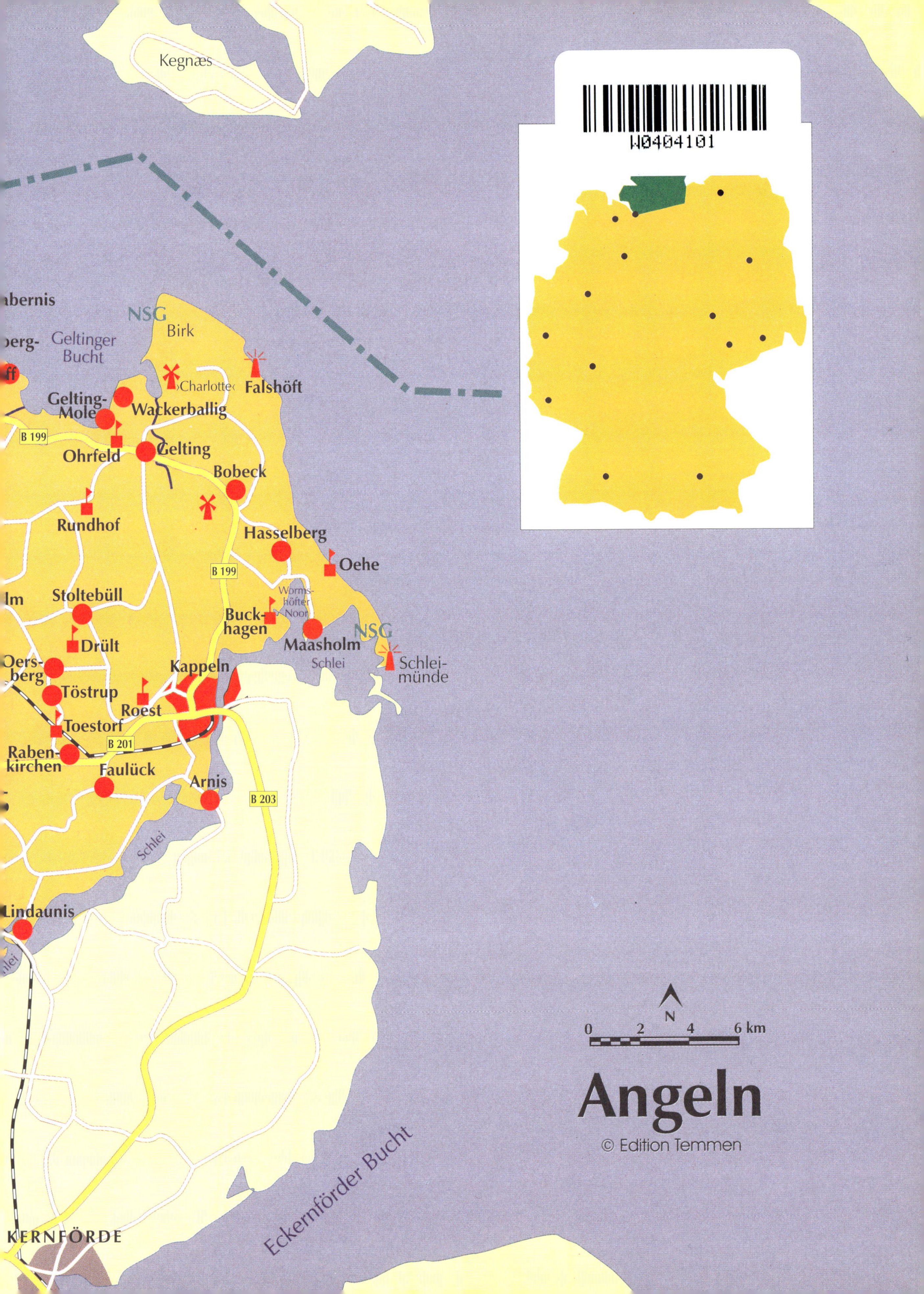
Kegnæs
W0404101
NSG
Birk
Geltinger Bucht
Charlotte
Falshöft
Gelting-Mole
Wackerballig
B 199
Ohrfeld
Gelting
Bobeck
Rundhof
Hasselberg
Oehe
B 199
Stoltebüll
Worms-höfter Noor
Buck-hagen
Maasholm
NSG
Drült
Schlei
Schlei-münde
Oers-berg
Kappeln
Töstrup
Roest
Toestorf
B 201
Raben-kirchen
Faulück
Arnis
B 203
Schlei
Lindaunis
Eckernförder Bucht
N
0 2 4 6 km
Angeln
© Edition Temmen

Angeln

Werner Scharnweber

Angeln

Landschaft zwischen Förde und Schlei

Reisebilder

Mit 196 Abbildungen

Edition Temmen

Die Deutsche Bibliothek - CIP-Einheitsaufnahme
Scharnweber, Werner:
Angeln : Landschaft zwischen Schlei und Förde / Reisebilder / Werner Scharnweber. –
1. Aufl. – Bremen ; Rostock : Ed.Temmen, 1999
ISBN 3-86108-470-8

Sofern keine andere Quelle angegeben ist,
stammen alle Aufnahmen von
Werner Scharnweber

Umschlagbild: Mühle Westerholz
Frontispiz: Schloß Glücksburg

2. überarbeitete Auflage 1999

Hohenlohestr. 21 – 28209 Bremen
Tel. 0421-34843-0 – Fax 0421-348094
Platz der Freundschaft 1 – 18059 Rostock
Tel. 0381-4019723 - Fax 0381-4019729

Satz und Karte: L.P.G. Uhlandstraße, Bremen
Herstellung: Edition Temmen

ISBN 3-86108-470-8

Inhalt

VORAB

KREUZ UND QUER DURCH ANGELN

ANHANG

VORAB

Die Lage, die Grenzen, die Größe

Angeln ist Schleswig-Holsteins nördlichste Halbinsel auf der durch Förden gegliederten Ostseite des Landes. Insoweit markiert Angeln auch Deutschlands Nordende. Weiter nördlich kommt ein wenig Ostseewasser, sodann - sehr nahe - das benachbarte Dänemark.

Um Halbinsel sein zu können, bedarf es an drei Seiten »nasser Grenzen«. Die sind gegeben: im Süden die Schlei, im Osten die Ostsee, im Norden die Flensburger Förde. Diese drei Grenzen der Landschaft Angeln sind eindeutig. Etwas schwieriger ist es, eine absolut zutreffende, allseits anerkannte Westgrenze zu bestimmen. Zumeist wird die Linie Flensburg-Schleswig im Verlauf der Landstraße 317 (ehemals B 76) als Westgrenze deklariert. Hier und da mit einer Toleranz von zwei, drei Kilometern nach Osten, kaum nach Westen.

Flensburg, am nördlichen Punkt der Angelner Westgrenze, und Schleswig, an deren südlichem Ende, sind befreundete Städte in unmittelbarer Nachbarschaft, werden aber von aufrechten Angelitern nicht zu Angeln gerechnet. Das hat seine Richtigkeit. Allerdings hat sich die kreisfreie Stadt Flensburg nach und nach einige einst eindeutig Angeliter Gebiete, wie Mürwik, Engelsby und Tarup, »einverleibt«.

Angeln ist knapp 1000 Quadratkilometer groß. Verwaltungsmäßig gehört es zum Kreis Schleswig-Flensburg. Kreisstadt ist Schleswig.

Sprachregelung

Die Landschaft heißt Angeln. Einfach Angeln. Ohne die, der oder das davor.

Die Bewohner aus historischen Zeiten heißen ebenfalls Angeln, die Angeln nämlich. Hingegen werden die Bewohner unserer Zeit bekanntlich Angeliter genannt.

So weit, so klar.

Wie aber weiter? Die Angeliter Landschaft? Oder: die Angelner Landschaft? Vielleicht sogar: Angler Landschaft?

Der studierte Deutschlehrer sagt, richtig sei selbstverständlich Angelner Landschaft. Deutschlehrern widerspricht man nicht.

Tatsache ist, daß auch die beiden anderen Sprachformen mit Angler, Angliter und Angeliter (plus Hauptwort) vorkommen. In Büchern, Broschüren, Prospekten, Zeitungen ...

Vielleicht, weil die jeweiligen Textschreiber in der einschlägigen Deutschstunde nicht genügend aufmerksam waren. Vielleicht aber auch, weil Sprache sich weiterentwickelt, zu neuen Formen findet. Ganz ohne sachverständige Sprachreformer und kultusministerielle Erlasse. Einfach so, in Volkes Rede.

In diesem Buch? In fröhlich-kunterbuntem Durcheinander kommen alle drei Formen vor. Wie es zum Sprachfluß passend schien. Oder wie es dem Autor gerade zuwege war.

Deutschlehrer mögen - gegebenenfalls - bitte verzeihen.

Das Profil

Die unvorstellbar mächtigen Gletscher der Eiszeiten und - bei deren Abtauen - die riesigen Schmelzwasserströme haben das Oberflächenprofil der Landschaft vor allem gestaltet. Hügel, Kuppen, Landwellen, Senken, Täler und Ebenen entstanden. Weil in undenklich langen Zeiträumen mehrere Eiszeiten am Werke waren, weil zudem die Eismassen der einzelnen Kaltperioden mal vorstießen, sich abtauend zurückzogen, einen erneuten Anlauf nahmen, sind die ausgebildeten Höhen- und Tiefenlinien, die Hügel und Senken nicht durchgehend gleichmäßig geordnet, sondern blieben vielfach in einem ziemlichen Durcheinander zurück. Was den Reiz der heutigen Landschaft nicht beeinträchtigt, sondern erhöht.

Schroff, kantig und gratig ist die Landschaft - von Steilküsten abgesehen - nirgends, sondern zumeist sanft gerundet, sanft ansteigend oder abfallend. Hieran hat auch die Wind- und Wettererosion einiger Jahrtausende ihren Anteil.

Die Menschen haben die Oberflächengestalt des Landes ebenfalls mitgeformt. Vorteilhaft was das nicht immer.

Ungemein fruchtbar

»Angeln. Landschaft im Herzogthum Schleßwig, an der Ostsee, im Norden von der Flensburger Föhrde, im Süden von der Schley umflossen, 14 Quadratmeilen groß, mit 19.000 Einwohnern, ungemein fruchtbar und gut angebaut. Die Einwohner sind Abkömmlinge jener Angeln, welche in Gesellschaft mit den Sachsen und Jüten, im 5. Jahrhunderte den Britten wider die Picten zu Hülfe kamen, endlich aber derselben Land für sich eroberten, und ihm den Nahmen England (Angelland, Anglia) gaben.«

(Aus: »Johann Hübners reales Staats-, Zeitungs- und Conversations-Lexicon« in der Fassung von F. X. Sperl, 1814)

Die Angeln und die Weltgeschichte

Bekanntlich sind die Angeln, gefolgt von den Sachsen, in der Zeit um 450 unter ihren sagenhaften Führern Hengist und Horsa nach Britannien gezogen. In dort anstehenden Händeln haben sie kräftig mitgemischt, waren schließlich Sieger nach Punkten und ließen sich fortan dauerhaft häuslich nieder. Der Name England ist – wer wüßte es nicht? – nichts anderes als die geringfügig abgewandelte Sprachform von Angelland, was meint: Land der Angeln.

Einige Angeln, so ist zu vermuten, sind in jenen Vorzeiten nicht mit auf die Insel gegangen. Sie blieben zu Hause, sozusagen. Für weltgeschichtlich spektakuläre Taten waren sie auch in der Folge nicht zu haben.

Die Angeln (später zumeist Angeliter genannt) zwischen Förde und Schlei haben die Wechselfälle der Geschichte seit dem Auszug ihrer Brüder und Schwestern gen Britannien mit Ruhe und Gelassenheit ertragen. Besondere geschichtliche Vorkommnisse werden von ihnen seither nicht mehr gemeldet. Ob Dänenherrschaft, schleswig-holsteinische Herzöge oder die Preußen – die Angeliter nahmen es hin. Wohl nach dem Motto: »Nicht einmischen, nicht auffallen, in Ruhe den Acker bestellen, das Vieh versorgen und die Wohlhabenheit mehren.«

Die Wahrheit ist: Mit der staatlichen Obrigkeit hatten und haben sie nicht viel im Sinn. Dänen wollten sie nie sein, Preußen schon gar nicht. Von Berliner Regierungen haben sie nichts gehalten und von denen in Bonn auch nicht wesentlich mehr.

Aber dergleichen haben die Angeliter nie herausposaunt, sondern stets für sich behalten. Alles andere hätte vermutlich nur Scherereien bedeutet. Die schätzt man hier ganz und gar nicht.

Und weltgeschichtliche Taten, wie damals unter Hengist und Horsa? Nein, danke! Das muß nicht mehr sein.

Warum nur verließen die »alten Angeln« dieses Land?

»Schönheit Angeln«

Keine Frage, Angeln ist eine sehr eigene, eine unverwechselbare Landschaft. Deutlich anders als sonstige Regionen Schleswig-Holsteins.

Lieblich zeigt sich dieses Angeln zumeist nicht, imposant schon gar nicht. Und doch ist das Land zwischen Förde und Schlei eine Schönheit. Eine naturhafte, eine eher spröde, dabei durchaus anmutige Schönheit. Nie aufdringlich, nie selbstdarstellend. Aber selbstbewußt, auch stolz.

Wie es so ist mit zurückhaltenden, stolzen Schönheiten, sie bedürfen der vorsichtigen, der wohlüberlegten, vor allem der aufrichtig-ehrlichen Annäherung.

Wer sich Natur und Kultur und den Menschen derart nähert, dem erschließt sich die »Schönheit Angeln« in ihrem ganzen Reiz, in ihrem Zauber. Aus der ersten Bekanntschaft wächst dann häufig lebenslange Liebe zu dieser Landschaft.

Schönheit Angeln:
Die Kirche von Brodersby (unten) und
ein Blick in die vielgestaltige Angliter Landschaft

Brav – nicht langweilig

Angeln, so empfindet es der Besucher immer wieder, ist ein braves Land. Brav ist nicht zu verwechseln mit langweilig.

Ob Kunst, Kultur, Architektur, Gesellschaft oder was auch immer: überdrehte, extreme, spektakuläre Dinge sind nicht Sache der Angeliter. Man schätzt es eher ein wenig bodenständig. Was durchaus interessant sein kann und auch ist. Bodenständig heißt ja nicht rückständig.

Eine Gegend für schräge Jet-Set-Cliquen oder ausgeflippte Schickeria-Gruppen ist Angeln gewiß nicht.

Immer und überall brav? Nein, nein! Auch den Angelitern ist nichts Menschliches fremd. Aber was da auch immer an »Nicht-Bravem« gelegentlich geschehen mag, das »bleibt unter uns«. Merke: Angeliter können sehr gut schweigen.

Hinter allen Fenstern brave Leute (?)

Grenzland

Angeln ist Grenzland. Deutsche hier, Dänen dort. Verschiedene Nationalitäten und Kulturen und insbesondere politische Interessen haben jahrhundertelang zu deutlichen Gegensätzen geführt. In den Jahren nach 1918 und nach 1945 erlebte die Region letztmalig »turbulente« Zeiten.

Dänische bzw. deutsche Mehr- bzw. Minderheiten gab und gibt es beiderseits der - nunmehr offenen - Grenze. Inzwischen wird aber das nachbarschaftliche Verhältnis als vorbildlich bezeichnet, ebenso die beiderseitige Minderheitenpolitik im Grenzgebiet. Dänemarks Königin Margarethe II. und der deutsche Bundespräsident Roman Herzog haben im Juli 1998 anläßlich ihres gemeinsamen Besuchs deutscher und dänischer Minderheiten hüben und drüben das »musterhafte Zusammenleben der beiden Volksgruppen« gewürdigt.

So gehören denn dänische Schulen, dänische Kindergärten, dänische kulturelle Einrichtungen in Angeln zur Normalität.

KREUZ UND QUER DURCH ANGELN

Im Land der »...bys« und »...rups«

Dieses liebenswerte Angeln ist wirklich in vielen Dingen ein wenig anders als die sonstigen schleswig-holsteinischen Regionen. Das gilt auch für sehr viele Dorf-, Siedlungs- und Hofnamen. Die Endungen »-by« und »-rup« gibt es hier gleich mehrdutzendfach.

Eine – durchaus nicht vollständige – Auswahl der »-by«-Namen: Ahneby, Brodersby, Esgrusschauby, Flatzby, Gammelby, Grödersby, Gundelsby, Günneby, Hardesby, Husby, Kahleby, Ketelsby, Kiesby, Nieby, Pommerby, Schaalby, Schwensby, Thumby, Tolkschuby, Weseby, Westerakeby, Ülsby.

»by« ist dänisch und bedeutet Dorf, Siedlung. Der Einfluß der dänischen Sprache bei vielen Ortsnamen ist also unverkennbar. Wie die Geschichte lehrt, war das Königreich unter dem Danebrog in früheren Jahrhunderten sehr viel mehr als nur der nette Nachbar im Norden.

Auch die vielen Ortsnamen mit der Endung »-rup« lassen dänische Sprachherkunft erkennen. Die »-rup«-Endung soll aus dem altdänischen »thorp« entstanden und gleichfalls mit Dorf zu übersetzen sein. Als da – unter anderen – wären: Arup, Estrup, Gremmerup, Hodderup, Hostrup, Kollerup, Löstrup, Markerup, Munkbrarup, Norderbrarup, Obdrup, Saustrup, Satrup, Sörup, Sterup, Stenderup, Süderbrarup, Schnarup, Schörderup, Tastrup, Töstrup, Ulstrup.

Zu den Orts-/Hofbezeichnungen dänischer Herkunft gehören auch jene, die auf »-gaard« enden. »Gaard« bedeutet Hof/Gut. Drei Beispiele: Lundsgaard, Niesgraugaard, Oestergaard.

Frühlingstag

30. März. Seit neun Tagen ist laut Kalender Frühling im Land. Und heute auch in der Natur: Strahlende Sonne, ein wolkenloser, stahlblauer Himmel, fröhliches Vogelgezwitscher. Die junge Birke hat Stamm und Äste frühlings-frisch weiß geputzt. An den Büschen in den Knicks leuchten weiße Blüten, aus denen sich gelbgepunktete Staubgefäße an filigranen Stielen hervorrecken: Man erwartet Bienenbesuch.

Was für ein Tag!

Die Schlei

Flüsse sind - mit Ausnahmen - weiblich. Zum Beispiel die Elbe, die Donau, die Weser. Angelns feuchte Südgrenze ist auch weiblich: die Schlei. Ein Fluß ist die Schlei dennoch nicht, sondern eine Förde, also ein schmaler, tief ins Land einschneidender Meeresarm. Deshalb ist die geographische Bezeichnung »Schleimünde« für den Anfangspunkt dieser Förde im Prinzip irreführend. Ein Nicht-Fluß kann nicht münden. Zugegeben, in ihrem Aussehen kann die Schlei über weite Strecken mit einem Fluß »verwechselt« werden.

Auch sonst zeigt diese Förde Besonderheiten. Während sich andere Förden zur offenen See hin deutlich weiten, praktiziert die Schlei das Gegenteil: Sie verschließt sich. Genaugenommen ist es natürlich die Ostsee, die ihre zugehörige Förde Schlei im Laufe einiger Jahrhunderte durch »wachsende« Nehrungen und Strandwälle dichtmachte. So sehr, daß ursprüngliche »Schleimündungen« längst verschwunden sind. Der heutige, sehr schmale Schleiausgang bei Schleimünde ist Menschenwerk, ein kanalartiger Durchstich. Ausbaggerungen halten die Ausfahrt offen.

Bedingt durch die Enge des Schleiein- und -ausgangs erfolgt nur ein bescheidener Austausch mit dem Meerwasser der Ostsee. Weil außerdem Bäche einmünden, ist das Schleiwasser nur gering salzhaltig, wandelt sich schließlich - je weiter landeinwärts um so mehr - zu Brackwasser.

43 Kilometer ist diese Förde lang, von Schleimünde bis Schleswig. Und extrem unterschiedlich breit: 5 Kilometer an der Großen Breite, 100 Meter bei Missunde.

Mit ihren Buchten und Nooren, ihren Engen und Breiten, den hohen und den niedrigen Ufern ist die Schlei ein Landschaftselement von ganz besonderem Reiz. Vor allem Bootsfahrten vermitteln diesen Eindruck, den ein Skipper mit dem Begriff »parkartige Landschaft« zusammenfaßte.

Die markierte Fahrwasserrinne sollten Motor- und Segelyachten allerdings besser nicht verlas-

Die Schlei bei Missunde

sen. An vielen Stellen ist das Gewässer sehr flach. Mancher noch schleiunerfahrene Segler, der bei einem Kreuzschlag zu weit »ausholte«, saß – wie es im hiesigen Seglerjargon heißt – unvermittelt auf »Schiet«.

Jagdsteine

Bei der Jagd muß alles seine Ordnung haben. Das gilt ganz besonders für eindeutige Grenzen der Reviere. Damit nicht jemand versehentlich im fremden Jagdgebiet einen Bock schießt. Oder - früher - gar im landesherrlichen Jagd-Hoheitsgebiet auf die Pirsch ging.

Der dänische König Friedrich V., in seiner gleichzeitigen Eigenschaft als Herzog von Holstein und Schleswig, sorgte vor. Er ordnete 1759 an, daß seine Wildbahnen - sprich: Jagdreviere - durch rechteckige Granitsäulen von 10 Fuß Höhe zu markieren seien. So geschah es. Diese »Jagdsteine« enthalten folgende eingemeißelte und mit Farbe ausgemalte Angaben: Stilisierte Königskrone, Monogramm des Königs, die Buchstabenfolge »GAWB« und die Zahl des Jahres, in dem der Stein aufgestellt wurde. »GAWB« ist die Abkürzung von Gottorfer-Amts-Wild-Bahn. Schloß Gottorf, wie bekannt, war herzoglicher Amtssitz.

Die herzoglichen Reviergrenzsteine müssen ihren Zweck erfüllt haben. Auch der später regierende König Christian VII. ließ seine Gottorfer-Amts-Wild-Bahn mit eigenen gleichartigen Jagdsteinen abgrenzen. Nur stand jetzt auf den Steinen statt F 5 (für Friedrich V.) natürlich C 7 (für Christian VII.).

Manche dieser Jagdsteine haben die Zeiten unversehrt und mehrheitlich am ursprünglichen Platz im Gelände überstanden. Zum Beispiel am Weg von Güderott zur Kirche Boren, in Goltoft an der Straße nach Hestoft, an der Landstraße von Geelbyholz nach Düneberg, an der Schleidörferstraße auf der Höhe der Abfahrt nach Geel, an der Straße von Böklund nach Boel, nahe der Abzweigung nach Boholz. Auch am südlichen Waldrand des Elmholzes, südlich von Stenderup.

Missunde – ein feines Plätzchen

Missunde liegt größtenteils jenseits der Schlei, also in Schwansen. Ein kleiner Teil Missundes jedoch ist diesseits angesiedelt, also in Angeln. Missunde, Angeliter Teil, gehört zur Gemeinde Brodersby.

Missunde, diesseits, besteht zunächst einmal aus dem Fährhaus. Das ist, ausweislich einer in die Außenmauer eingelassenen Bautafel aus jener Zeit, anno 1805 errichtet. Weil Fährhäuser »amtlich« waren, zieren die Tafel zusätzlich eine Königskrone und die Initialen des damaligen dänischen Königs Christian VII., nämlich »C 7«. Als Fährhaus im Wortsinn wird das Gebäude nicht mehr genutzt. »Missunder Fährhaus« ist ein beliebtes Restaurant und Café mit Logenplatzaussicht auf die hier nur etwa 120 Meter breite Schlei.

Die Missunder Fähre quert die Schlei wie seit Jahrhunderten. Weil die Schlei hier die engste Stelle hat, war und ist Missunde der ideale Fährplatz. Per Motorkraft wird die flachgehende offene Fähre an Seilen hinüber und herüber gezogen. Noch vor ein paar Jahrzehnten gab es keinen muskelkraftsparenden Motor. Kräftiges Ziehen per Handarbeit war angesagt.

Die Stege des kleinen, gepflegten Missunder Yachthafens befinden sich direkt vor dem Fährhaus. Auch der Hafenmeister hat hier, gegenüber vom Restaurant, sein Büro.

Überhaupt ist Missunde, Angeliter Seite, ein feines Fleckchen Erde. Die Segler und Motoryachten auf der Schlei passieren (fast) zum Greifen nahe.

Bauernland – Kulturland

Kappeln, Glücksburg und das kleine Arnis, die drei Angeliter Städte, liegen sämtlich an der Peripherie. Die größeren, nicht direkt zu Angeln zu rechnenden Städte Flensburg und Schleswig sowieso. Mit anderen Worten: Im »Landesinnern« ist Angeln stadtfrei.

Wer heute durch die Landschaft fährt oder wandert, findet noch immer bestätigt, was landeskundliche Chronisten vor 50, vor 100, vor 150 Jahren feststellten: Angeln ist Bauernland. Gut bestellte Äcker, gepflegte Wiesen und Weiden überall.

Am »Bauernland Angeln« hat sich insoweit augenscheinlich nichts geändert. Das von der Landwirtschaft geprägte Kulturland Angeln existiert wie eh und je.

Und das, obgleich die Anzahl der landwirtschaftlichen Betriebe, erst recht der Vollerwerbsbetriebe, hier – wie überall – in den vergangenen zwei, drei Jahrzehnten drastisch zurückgegangen ist. In manchen Dörfern geht die Anzahl der aktiven Bauernstellen gegen null. Das heißt, die pro Betrieb bewirtschaftete Fläche ist im Durchschnitt größer geworden. Das gilt auch für die Milchviehbestände: weniger Herden, größere Kopfzahl.

Der Anteil des Landes, der, aus der Bewirtschaftung genommen, in Dauerbrache überführt wurde, ist insgesamt nicht sehr bedeutend. Dafür ist die hiesige Bodenqualität zumeist zu gut.

Nicht nur Bauern, auch Gutswirtschaften, insbesondere im Osten, treiben Landwirtschaft. Diese spezielle Form des Großgrundbesitzes ist aber im Verhältnis zu anderen Regionen Schleswig-Holsteins – wie Schwansen, Dänischer Wohld, Holsteinische Schweiz, Wagrien – weniger bedeutend, insgesamt schon gar nicht dominierend.

Leuchtend gelb blühende Rapsschläge, im Wind wellende Kornfelder, braunrote Rinderherden auf sattgrünen Weiden – schon deshalb muß man hoffen, daß den Landwirten auch künftig eine sichere Existenz ermöglicht wird.

Freie Eigene

»Die Angeln oder, wie sie auch genannt werden, die Angliter, sind größtentheils seit alten Zeiten freie Eigene ihres Grundes und Bodens und bekannt und beneidet als wohlhabende Leute.«

(Aus: »Reisen in Dänemark und den Herzogthümern Schleswig und Holstein« von J. G. Kohl, 1846)

3500 Jahre Landwirtschaft

Selbst unsere Ur-Ur-Ur-Vorfahren aus vorgeschichtlicher Zeit haben dieses Angeln als Jagd- und Sammelterritorium, später als Siedlungsland bereits zu schätzen gewußt. Umfangreiche Funde aus der Stein-, der Bronze- und der Eisenzeit belegen das.

Schon in der Mittleren Steinzeit - also rund 8000 bis 3500 v.Chr. - haben hier Jäger, Sammler und Fischer gelebt, ausgestattet mit ihren aus Flintsteinen gefertigten Beilen, Spaltern, Klingen. Im Satrupholmer Moor, damals ein See, konnten derartige Geräte geborgen und zeitlich bestimmt werden.

In der Jüngeren Steinzeit, etwa 3500 bis 1500 v.Chr., war Angeln dicht besiedelt. So berichtet es Nicolaus Detlefsen in seinem »Angelnbuch«*. Die bis dahin umherziehenden Jäger und Sammler wurden seßhaft. Detlefsen schreibt: *»Jetzt ist er (der Mensch) Ackerbauer und Viehzüchter.«*

Landwirtschaft in Angeln vor rund 3500 bis 5500 Jahren - man muß sich das einmal vorstellen. Oder so formuliert: Landwirtschaft hat in Angeln eine mindestens 3500jährige Tradition.

Mit Unterbrechungen, wie zugegeben werden muß. In den Zeiten der Völkerwanderung gab es vermutlich einige Jahrhunderte mit ziemlicher »Siedlungsleere«.

Zeugnisse der geschichtlichen Frühzeiten sind auch die Hügel- und Hünengräber, die Riesenstein- oder Megalithgräber, zum Teil unter hohen Erdhügeln verborgen. Leider sind viele dieser archäologischen Denkmäler inzwischen abgetragen, eingeebnet, die Steine für andere Bauten verwendet. Zwei recht gut erhaltene Hügelgräber, das eine auf freiem Feld, das andere im angrenzenden Wald, sind bei Schaalbyfeld (an der Straße Scholderup-Schaalby) zu bewundern.

Übrigens: Der riesige Marktplatz von Süderbrarup ist eigentlich ein vorgeschichtlicher Friedhof. Um die 2000 Urnen wurden hier ausgegraben. Sie stammen aus der Eisenzeit bis zur Zeit um 400 n. Chr.

* Karl Wachholtz Verlag, Neumünster, 2. Auflage 1983.

Archäologisches Denkmal:
Hügelgrab bei Schaalbyfeld

Hufner – Käthner – Insten

Hufner

haben oder hatten ursprünglich einen Grundbesitz von wenigstens 4 Hufen (= 120 Morgen) und ein ganzes Gespann (= 4 Pferde). Hufe war ehedem das gesamte, dem ersten Erwerber zugeteilte Ackerland, und zwar soviel, wie ein rüstiger Mann in 30 Tagen (= Morgen) mit seinem Gespann beackern kann.

Käthner

(auch Kätner) ist/war Eigentümer eines kleinen (Bauern-)Hauses (= Kathe, Kate), aber ohne bedeutsamen eigenen Acker (weniger als 1 Hufe = 30 Morgen).

Inste

Bezeichnung für kontraktlich gebundene Landarbeitskraft, die vom Arbeitgeber neben (meist geringem) Barlohn insbesondere eine (Familien-/Werk-) Wohnung, Ackerland zur eigenen Bestellung und Deputate in Form von Naturalien erhielt.

(Alle Angaben in Anlehnung an »Wörterbuch der Berufs- und Berufstätigkeitsbezeichnungen« von Dr. Fritz Molle, 2. Auflage 1975)

Flächenmaß

»In Angeln ist der Heidscheffel das gewöhnliche Maaß, der in 6 Schipp zerfällt, 1 Schipp zu 24 Quadratruthen.«

(Aus: »Topographie des Herzogthums Schleswig« von Johannes von Schröder, 2. Auflage 1854)

»1 Heitscheffel = 144 hamb. Quadrat-Ruten = 6 Schippsaat = 0,3027 Hektar (Angeln).«

(Aus: »Landwirtschaftliches Adreßbuch Schleswig-Holstein, 1950)

Festival in Gelb (I)

Anfang Mai. Das Frühjahrsgrün mancher Wiesen und Weiden taucht fast unter in einem Meer von Goldgelb: der Löwenzahn blüht. Angeliter Wiesen gehören nicht zu den Magerfluren, im Gegenteil. Derartig »fette« Standorte schätzt der Löwenzahn besonders. Folglich ist sein Auftreten massenhaft und zum Teil flächendeckend, der Wuchs der Pflanzen kräftig, die Anzahl der Blüten groß, die Blütenfarbe besonders intensiv. Löwenzahngelb - wohin man blickt. Eine Freude fürs Auge.

Der auch gebräuchliche Name Kuhblume verdeutlicht, daß das Rindvieh mit dem Wiesen-Löwenzahn keine Probleme hat - er wird als Futter angenommen. Zum Teil wird diese häufigste aller Wildblumen als Butterblume bezeichnet. Aus gutem Grund: Vor Zeiten verwendeten manche Leute die Blüten zum Färben der Butter. Der typische weiße Milchsaft dieser Pflanze enthält übrigens Kautschuk.

Für weitere Verbreitung sorgt - dank »Mutter Natur« - der Löwenzahn selbst. Die einzelnen Samen werden, getragen von den genial konstruierten Schirmchen, vom Winde verweht - bis zu 10 Kilometer weit.

Löwenzahnsalat

»Die jungen Blätter geben, wie Endivien zubereitet, einen guten Salat, deßgleichen die Wurzel, gereinigt, in kleine Scheiben oder Stückchen geschnitten und entweder allein als Salat zugerichtet oder, was gewöhnlicher ist, unter die Blätter gemengt. Auch zu Grünkraut empfehlen sich die jungen Blätter, entweder für sich allein, oder in Vermischung mit anderen Kräutern. Ihr pikantes Wesen, so wie das der Wurzel, ist insbesondere geeignet, die weichlichen Kräuter, wie Spinat, Melde u.a. zu verbessern.«

(Aus: »Das Hauslexikon«, fünfter Band, 1836)

Die Mahnung von Brodersby

Der Kirchplatz ist hoch gelegen. Das ermöglicht Ausblicke. Der schönste: über Wiesen und Weiden, über das Brodersbyer Noor hinweg auf die Schlei.

Das kleine Kirchlein strahlt im frischen Weiß seiner unverputzten Feldsteinmauern. Das Pfannendach leuchtet rot. Am Vorhaus die Jahreszahl 1842, angelehnt blüht ein Rosenstock. Daneben der hölzerne Turm mit Schindeldach. Alles zusammen: ein farbenfrohes kleines Kirchenidyll.

Kreuze und Grabsteine des umgebenden Friedhofes erinnern den Besucher an die Vergänglichkeit des Lebens.

Dann verweilt der Blick auf einigen in einer Reihe stehenden eisernen Grabkreuzen. Die Inschriften sind lesbar. Wie diese:

»Hier ruhen 9 preußische Soldaten vom 7. brandenburgischen Infanterie Regiment No. 60, gefallen im Gefecht bei Missunde, am 2. Febr. 1864.«

1864. Damals kämpften Preußen und Österreicher gegen die Dänen. So wurde die »Schleswig-Holsteinische Frage« entschieden. Im Sinne von Preußen. Dafür mußten hier, im Gefecht bei Missunde, Brandenburger sterben, Dänen auch. Auf diesem kleinen Friedhof sind sie bestattet – nebeneinander.

Die gußeisernen Grabkreuze von Brodersby mahnen die Lebenden!

Eiserne Mahnung:
Eines der Brodersbyer Grabkreuze

Rechts:
Reeternte auf den schleinahen Niederungsflächen bei Lindauhof

»Und was ist Reet?«

Auf vielen Katen, Scheunen, bäuerlichen Wohngebäuden, selbst auf Windmühlen sind die stets formschönen, anheimelnden Reetdächer zu bewundern. Manche blieben über die Zeiten erhalten, auf anderen Häusern haben die Eigentümer zurückgefunden zum traditionellen, einst landschaftsprägenden Reetdach.

»Und was«, hat ein Urlauber aus alpin-bayerischen Regionen gefragt, *»ist das - Reet?«*

Die Sache ist doch einfach: Reet ist Schilf.

Zur Sicherheit nachgelesen. »Meyers großes Taschen-Lexikon« in 24 Bänden, Ausgabe 1983, erläutert:

»Reet, niederdeutsche Bezeichnung für einige u.a. zur Dachbedeckung (Reetdach) verwendete Riedgräser.«

Aha! Und Riedgräser? Laut Meyers Lexikon (s.o.) gibt es davon rund 3700 Arten in etwa 70 Gattungen, in Deutschland rund 150 Arten.

Erbarmen - womit sind unsere Reetdächer gedeckt? Also sich lieber unter dem Stichwort »Schilf« informieren:

»Schilf, Bezeichnung für das Schilfrohr und die schilfrohrähnlichen bestandbildenden Pflanzen (Rohrkolben, Großseggen u.a.), die in der Verlandungszone von Gewässern wachsen.«

Anschauung, lehrte schon Pestalozzi, ist der sicherste Weg zur Erkenntnis. Auf den schleinahen Niederungsflächen am Weg zwischen Lindaumühlenholz und Lindauhof war das trockene Schilf geschnitten, in Bündeln zu Hocken gestellt - und somit zu Reet geworden.

Der bayerische Gast und der Angeliter Mentor waren's - endlich - zufrieden.

Bleibt diese Schilf-Geschichte aus »Meyers Kleinem Konversations-Lexikon«, Ausgabe 1914, zu berichten:

»Nach griechischer Sage wurde die von Pan verfolgte Nymphe Siringa von den Göttern in Schilfrohr verwandelt, aus dem sich der Gott eine Flöte schnitt.«

In Angeln, wie zu besichtigen, nimmt man Schilf, sprich: Reet, zur Dachdeckung, nicht zum Flötenkonzert.

Das Prachtstück von Lindaumühlenholz

Anno 1906 notierte Oldekops »Topographie« für Lindaumühlenholz: »15 Besitzstellen, Acker 2.–4. Klasse, einige minderwertige Salzwiesen. Außerdem 1 Wirtshaus, Mühle, Meierei, 2 Kaufleute und 8 Handwerker.«

Die Meierei ist Vergangenheit. Im Wirtshaus jedoch läßt sich wie damals gut essen und trinken. Und die Windmühle ist noch immer – genauer: gesagt, nach Restaurierung wieder – das Schmuck- und Prachtstück des kleinen, dicht an der Schlei gelegenen Ortes.

Die auf das Baujahr 1837 datierte Mühle wird von Experten als Zwickstellholländer klassifiziert, auch Galerieholländer genannt.

Unmittelbar an der Straße, hoch gelegen, imponiert das stolze, harmonische Mühlenbauwerk besonders durch den roten Backsteinsockel, durch die Reetdeckung des mehreckigen Mühlenturmes, durch die Schindelholzdeckung der Kappe, durch die Windrose und natürlich durch die weitausladenden, mächtigen Flügel.

Korn vermahlen aber wird auch hier nicht mehr.

Goltoft – ein Dorf mit Charme

»Haufendorf« ist zwar keine besonders vornehm klingende, für Goltoft aber zutreffende Charakteristik. Das eigentliche Dorfzentrum entdeckt der Besucher neben der Durchgangsstraße. Ein paar kurze Dorfstraßen finden sich hier zusammen, von denen einige offenbar einen Kreis, mindestens einen Halbkreis bilden. Vielleicht doch kein Haufendorf, sondern ursprünglich ein Runddorf? Egal.

Goltoft hat sich etwas bewahrt vom stillen Charme des »alten Angeln«, vom dörflichen Ambiente. Jedenfalls an diesem sonnigen, für die

Alexandra und Harald Nowak und ihr vorbildlich restauriertes Haus

Jahreszeit ungewöhnlich warmen März-Sonntagmorgen ist eine solche Atmosphäre spürbar. In Vorgärten blühen leuchtend gelb Forsythien und Narzissen. Von irgendwoher weht der appetitanregende, intensive Duft eines vermutlich größeren Sonntagsbratens durch die Dorfstraße – bald ist Mittagszeit. Ein Vater repariert auf dem Hofplatz den Fahrradschlauch seines etwa 10jährigen Sprößlings, der lerneifrig zuschaut. Sonntagsruhig ist es. Hier, abseits der Kreisstraße 119, ist der Straßenverkehr gleich null.

So wandert der Gast ungestört hierhin und dorthin, beschaut typische Angeliter Wohn- und Wirtschaftsgebäude. Vor dem Haus 'Zur Braaskate 6 setzt Harald Nowak am Vorplatz kleine Findlinge als Begrenzung. Wie der Gang vor dem Haus, soll auch diese kleine Geviert Kopfsteinpflaster erhalten. Passend zum Haus, das hier seit 1692 steht und nun von dem jungen Eigentümerehepaar Alexandra und Harald Nowak mit Bedacht liebevoll und stilgerecht wiederhergestellt wird. *»Ihr Reetdachhaus ist doch ein wahres Schmuckstück«*, befindet der Besucher. Die Nowaks freuen sich, meinen aber, es bliebe noch viel zu tun, drinnen und draußen. *»Wir haben«*, sagt Alexandra Nowak, *»uns ein 10-Jahres-Programm vorgenommen.«*

Harald Nowak berichtet: *»Das in Goltoft enthaltene Wort ›Toft‹ bedeutet die zur Katenstelle oder zum Hof gehörende Hauskoppel. Zur Braaskate gehört auch heute noch ihre Toft von ca. einem Hektar Größe. Somit konnte eine der ältesten Katenstellen von Goltoft weitgehend in ihrer ursprünglichen Form erhalten bleiben.«*

»Eine solche, mehr als drei Jahrhunderte alte Fachwerkkate zu erhalten, zu pflegen – das ist Kultur«, denkt der Gast, sagt es dem Paar. Alexandra und Harald Nowak nicken.

Sonntagmorgen in Goltoft – fast wie ein kleines Stück aus der »heilen Welt«.

Goltoft um 1854

»Goltoft, Dorf 1½ Meilen nordöstlich von Schleswig, unweit der Schlei, Amt Gottorf, Schließ- und Füsingharde. Kirchspiel und Schuldistrict Brodersbye. Zur Schließharde gehören 1 Vollhufe, 1 Viertelhufe, 2 Kathen und 1 Prediger-Lanstenkathe; zu den Ulnisser-Pflügen 2 Vollhufen, 2 Halbhufen und 8 Kathen; zum Domkirchendistrict 2 Vollhufen (...), zum St. Johanniskloster in Schleswig gehören 1 Vollhufe, 2 Halbhufen und 1 Kathe. Eine Klösterliche Halbhufe ist ein Wirtshaus. – Schmiede, Roßmühle. (...) Der Boden ist von ziemlicher Güte.«

(Aus: »Topographie des Herzogthums Schleswig« von Johannes von Schröder, 2. Auflage 1854)

Festival in Gelb (II)

Er gehört zur Familie der Kreuzblütler und botanisch zu den Kohlarten. Schon vor rund 4000 Jahren soll er als Kulturpflanze in Asien und in der Mittelmeerregion angebaut worden sein. Wohl auch bereits damals wegen des Ölgehalts seiner schwarzen Körnerfrüchte in den Schoten.

Die Rede ist vom Raps, dem *»Gold des Nordens«*, wie die »Kieler Nachrichten« schrieben. Anfang bis Mitte Mai – je nach Klimaverlauf mal früher, mal später – blüht der Raps. Leuchtendes, im Sonnenlicht fast gleißendes Gelb, dicht an dicht, auf großen Ackerschlägen. Fast scheint es dann, als ob »halb Angeln« aus Rapsfeldern bestünde. So ganz falsch dürfte diese Einschätzung nicht sein. Raps, der zu Speiseöl verarbeitet wird, bringt den Landwirten *»verhältnismäßig gutes Geld«*. So erzählte es ein Bauer im östlichen Angeln, dessen Name nach eigenem Bekunden *»nichts zur Sache tut«*. Aber das sagte er noch: *»Boden- und Klimabedingungen sind hier für Rapsanbau günstig.«*

So ist alle Jahre wieder eine wunderschöne Natur-Symphonie der Farben zu bewundern: Die gelben Flächen des blühenden Rapses, gerahmt von grünen Knicks, darüber ein blauer Maihimmel.

Ulsnis-Kirche

Der Blick vom Platz vor dem ehemaligen Pastorat, ein Bild wie ein Gemälde: der leicht ansteigende, grasbewachsene Fußweg durch das Feld, die niedrige Feldsteinmauer, das weiße Holzgittertor, die hohen, noch unbelaubten Bäume, die strahlend-weißen Mauern der Dorfkirche mit den rundbogigen Fenstern, das rote Ziegeldach, ein spitzes Dachreitertürmchen mit Uhr, daneben, für sich stehend, der hölzerne Glockenturm.

Ulsnis-Kirche – schlichte, dörfliche, dabei höchst ausdrucksvolle Architektur verbindet sich harmonisch mit der Natur.

Die Lage des Gotteshauses, die Gestaltung der unmittelbaren Umgebung, das Ebenmaß des Kirchenbaus in Form und Farbe: einfach schön.

Aus dem 12. Jahrhundert stammt diese Feldsteinkirche, die 1796 einen Umbau erfuhr.

Wie vor allem der separat stehende, quergebretterte hölzerne Glockenturm mit spitzem, schindelgedecktem Zeltdach und der goldglänzenden Wetterfahne auf der Spitze. Und natürlich die beiden backsteinernen, weißgestrichenen kleinen Tormauern, mit schräger roter Ziegelabdeckung und jeweils zwei rundbogigen Pfortdurchlässen, für Fußgänger links, für (Pferde-)Wagen rechts.

So großartig das Gesamtbild ist, so beachtenswert sind Details. Wie der Granitquaderblock außen im Kirchensockel mit der eingemeißelten Abbildung eines sich umarmenden Paares. Herkunft und Bedeutung blieben bis heute ungeklärt. Wie die Sandstein-Wappenkartusche von 1673 mit dem Monogramm König Christians V. (von Dänemark) am Giebel des kleinen Vorhauses.

Gut Roest

Der Zutritt zum inneren Hof des Gutes Roest ist - verständlicherweise - Unbefugten nicht gestattet. Kein Problem. Auch so kann man einen verhältnismäßig umfassenden Eindruck bekommen von dieser großartigen, vollständig erhaltenen, geschlossenen Gutsanlage.

Eine natursteingepflasterte Zuwegung, beiderseitig von Linden flankiert, führt zum Torhaus. Vorher aber wird das Auge geradezu gefesselt vom Anblick der mächtigen Scheune, rechts vom Torhaus. Das Gebäude trägt das vermutlich größte Reetdach in der Landschaft Angeln. Aufgelockert wird diese enorme Reetdachfläche durch fünf harmonisch ausgeformte, langgestreckte, flache, ebenfalls reetgedeckte Gauben. Auf dem First ist ein kleiner Viereck-Turmreiter aufgesetzt, mit drei eng nebeneinander angeordneten kleinen Sprossenfenstern und einer Reetdachhaube als Abschluß. Was für ein Wirtschaftsgebäude! Davor das Grün einer Weide, eingefaßt von einem weißen Holzzaun. Die Sache hat Stil.

Dann das Torhaus, ein Fachwerkbau mit Backstein, mit Granitsockel als Fundament, reetgedeckt, mit Sprossenfenstern. Die eigentliche Tordurchfahrt wird von außen eingefaßt von einem steilen Giebel. Davor ein weißes, geschlossenes Holztor. Weiter geht es nicht für den »unbefugten« Besucher. Aber es läßt sich durch und über dieses Tor blicken und durch die Tordurchfahrt ebenfalls. Ein Teil des inneren Gutshofes - auf dem freilaufende Hühner sich ihres Lebens freuen - ist zu übersehen. Teile seitlich stehender Wirtschaftsgebäude sind ebenso deutlich zu er-

kennen wie auch das Herrenhaus Roest. Ein Doppelgiebelhaus, in Backstein aufgeführt, zweigeschossig, natürlich auch mit stilgerechten Sprossenfenstern und mit rotem Ziegeldach. Die zum Hof (und damit zum Betrachter am Torhaus) weisenden hohen Giebel sind an den Kanten und im oberen Abschluß gerundet, geben dem Baukörper eine besondere Note.

Neben der Pforte des Torhauses ist eine Tafel mit diesem Text zu lesen:

»Gut Roest. Erstmals erwähnt 1231 in König Waldemars Erdbuch. Herrenhaus erbaut 1590 und 1641. Nebengebäude teilweise älter. Torhaus, Scheune und Stallgebäude nach Brand 1937 wiederaufgebaut.

Umfangreiche Restaurierung der Gesamtanlage 1977–1985.«

Gut Roest:
Blick durchs Torhaus aufs Herrenhaus (links)
und die reetgedeckte Gutsscheune
mit ihrer riesigen Dachfläche (oben und rechts)

Bewahrte Landwirtschaft und Umwelt

In seiner »Topographie des Herzogthums Schleswig« von 1854 hat Johannes von Schröder für Faulück notiert: *»11 Vollhufen, 2 Halbhufen, 1 Viertelhuf, 5 Kathen, 1 Instenstelle und 4 Parcelenstellen.«* Eine Vollhufe umfaßte damals in Faulück etwa 40 Hektar, wie Peter Martin Dreyer, der ehrenamtliche Bürgermeister der Doppelgemeinde Rabenkirchen-Faulück, zu berichten weiß. Der heutige Hof Dreyer ist schon früh größer geworden. *»Weil«*, so erzählt der Eigentümer schmunzelnd, *»mein Urgroßvater eine Hufe dazugeheiratet hat.«*

Gab es 1854 in Faulück 11 Vollhufen, wirtschaften hier heute ebenfalls 11 landwirtschaftliche Vollerwerbsbetriebe. In einer Zeit der Hofaufgaben ist es außergewöhnlich, daß in einem Dorf soviele hauptberuflich bewirtschaftete Höfe »durchgehalten« haben. Faulück, ein Ort intakter Landwirtschaft. Bürgermeister und Landwirt Dreyer: *»Die durchschnittliche Betriebsgröße - als Eigentum - beträgt etwa 40-50 Hektar. Allerdings haben die meisten Höfe Land dazugepachtet.«* Nur drei Betriebe halten noch Milchvieh. Die übrigen sind zumeist - nach Aufgabe der Milchviehhaltung in den 70er Jahren - Ackerbaubetriebe mit Schweinehaltung. Angebaut werden, in der »klassischen Fruchtfolge« der Betriebe ohne Rindviehhaltung, insbesondere Raps-Weizen-Gerste. Aber auch Zuckerrüben. Schon Johannes von Schröder berichtet 1854: *»Der Boden ist von ziemlicher Güte.«* Peter Martin Dreyer: *»Das stimmt noch immer.«*

Ein Nur-Bauerndorf ist Faulück natürlich auch nicht mehr. So wandelten sich manche ehemaligen Katenstellen zu ansehnlichen Einfamilienhäusern, bewohnt von Leuten, die im nahen Kappeln, sogar in Hamburg arbeiten. Mit der Ausweisung von Neubaugebieten geht man in Faulück hingegen behutsam um. Der Charakter des Dorfes soll erhalten werden, vor allem auch die gesunde Umwelt und Natur. Der Bürgermeister: *»Bei uns ist vieles noch ziemlich natürlich. Das gilt es zu bewahren.«* Die Gäste, die in der Gemeinde Rabenkirchen-Faulück »Urlaub auf dem Bauernhof« machen, wissen das zu schätzen.

Ein Hof nach Angelner Art

In Faulück, Arnisser Straße 12.

Ein stattlicher Hof! In der Form der landschaftstypischen Dreiseitanlage. Ein großer, gepflegter Hofplatz mit Rondell und hoher Fahnenstange, flankierend Wirtschaftsgebäude links und rechts. Zurückgesetzt das Wohnhaus, mit der langgestreckten Fensterfront der Straße zugewandt. Fast ist man geneigt, statt Wohnhaus »Herrenhaus« zu sagen. Größe und das feine Ebenmaß der Architektur dieses Gebäudes erinnern durchaus an Adelssitze. Wohlhabenheit und Kultur des Bauherren spiegeln sich hier wider.

»Um 1800 bis 1810 wurde das Haus erbaut«, berichtet Peter Martin Dreyer, der heutige Eigentümer. Im Innern eine Überraschung: In einem Zimmer spätbarock anmutende Wandmalerei mit romantisch-ländlichen Phantasiemotiven auf blauem Hintergrund. Unter diversen Tapetenschichten hat der Hofbesitzer das kleine Kunstwerk kürzlich entdeckt und fachmännisch restaurieren lassen.

»Sie müssen das Haus auch von der Gartenseite sehen«, meint Peter Martin Dreyer. Der Autor

Peter Martin Dreyer

Oben: Haus Arnisser Str. 12 in Faulück (rechts) und ein nicht minder imposantes Gebäude, ebenfalls in Faulück (links)

hat das Angebot gern angenommen. Und zwar begeistert. Zeigt sich das Gebäude zur Straßenseite geradezu herrschaftlich, ist die Rückfront eher romantisch idyllisch, heiter. Eine vorgebaute typische Angeliter Veranda, Sprossenfenster, ein an die Hauswand gelehnter Mühlstein, blühende Rosenstöcke bestimmen das Bild. Davor das Grün einer großzügigen Rasenfläche, von Buschreihen eingefaßt, beherrscht von einer mächtigen, uralten Platane.

»Wie lange existiert dieser Hof?« Die Antwort des Eigentümers: *»Dieser Hof ist im Besitz unserer Familie mütterlicherseits mindestens so lange, wie die Kirchenbücher darüber Auskunft geben, also seit dem 17. Jahrhundert.«*

Peter Martin Dreyer ist praktizierender Landwirt, der Hof wird bewirtschaftet – wie seit Jahrhunderten. Allerdings hat man die Viehhaltung aufgegeben.

Der Vollständigkeit halber: Wer sich in Faulück umsieht, entdeckt weitere stattliche typische Angeliter Bauernhäuser.

Stadt Bad Arnis

Warum, weshalb und wieso Arnis an der Schlei 1934 zur Stadt wurde, ist so ganz genau nicht geklärt. Jedenfalls seither: Stadt Arnis, ganz amtlich. Arnis ist die kleinste Stadt der Bundesrepublik, hinsichtlich der Einwohnerzahl (365) bestimmt, hinsichtlich der Flächenausdehnung (19 Hektar Festland) vermutlich auch.

Weil die Stadt so klein geriet, fungiert Jan Willi Degen nur als ehrenamtlicher, nicht als hauptamtlicher Bürgermeister. Als einzige Stadt Schleswig-Holsteins darf Arnis auch keine Stadträte benennen. Bisher trugen die beiden Bürgermeister-Stellvertreter/innen diesen schmückenden Titel. Nun aber hat die Kommunalaufsicht dergleichen abgelehnt. Begründung: Nach der neu-

en Kommunalverfassung sei das nicht mehr möglich. Stadträte könne es danach nur in hauptamtlich verwalteten Städten geben. Das sei bei Arnis nicht der Fall. Womit mal wieder bewiesen wäre, daß in diesem unserem Lande gute juristisch-bürokratische Ordnung herrscht.

Immerhin, an dem Status »Stadt« für Arnis wurde bisher nicht gerüttelt. Das allerdings würde die Arnisser und die vielen Freunde dieses feinen Städtchens mit ziemlicher Sicherheit auf die sprichwörtlichen Barrikaden treiben.

Ein weiterer Titel blieb bisher ebenfalls unangetastet: Bad Arnis. Jawohl, Stadt Arnis ist auch Bad Arnis. Amtlich! Auf den bekannten gelben Ortseingangstafeln ist es für jedermann nachzulesen. Aber auch hier gilt: Warum, weshalb und

Von dreieinhalb Seiten ist Arnis von dem Wasser der Schlei eingerahmt. Eine einzige Ausfallstraße führt gen Norden. Wer direkt nach Süden, nach Schwansen will, nimmt die Fähre. Die, sagt der Fährmann, existiert seit 1826.

Hinter denm Häusern befinden sich langgestreckte Gärten und dann - natürlich - das Wasser. Fast jedes Grundstück hat oder hatte seinen eigenen Schleizugang, seinen eigenen Minihafen. Früher war das eine Existenzfrage. Weil

Bad Arnis:
Nicht nur schöne Fenster und Türen, sondern auch ein eigener Hafen für (fast) jeden

wieso die kleinste deutsche Stadt zum Zusatznamen »Bad« kam, scheint eher im Dunkeln zu liegen. Lassen wir's dort.

Im übrigen: Bad Arnis ist nicht nur klein, sondern vor allem idyllisch-romantisch. Genaugenommen besteht das Mini-Städtchen aus einer einzigen Straße, beiderseits mit niedrigen Häusern bebaut, flankiert von Baumreihen am Rande der schmalen Gehwege. Viele dieser Häuschen haben noch das Flair aus früherer Zeit: Rosenstöcke vor den Sprossenfenstern, schöne alte Türen, ausdrucksvoller Backstein, Giebelfronten mit Utluchten.*

* Utlucht: ganz schmaler Vorbau an der Straßenseite des Hauses, mit Fenstern links, rechts und vorne. Dadurch kann die Straße nach allen Seiten eingesehen werden.

die Arnisser, auf kleiner Fläche vom Wasser eingeengt, kein Ackerland besaßen, trieben sie Handel und Seefahrt in Kombination. Wohnhaus, Speicher und Schiffsanleger lagen hintereinander auf eigenem Grund und Boden. 1846 waren in Arnis 50 Seeschiffe registriert, wesentlich mehr als zum Beispiel in Kiel. Die Arnisser kauften »Viktualien« - Butter und Käse, Würste und Bücklinge und so weiter - auf eigene Rechnung ein und segelten damit vor allem nach Kopenhagen, um ihre Waren dort mit zumeist gutem Gewinn zu verkaufen. Andere segelten in Charter auswärtiger Kaufleute auch nach England, Holland, Rußland, Schweden.

Gegründet wurde Arnis im Jahre 1667. Damals zogen um die 80 Familien aus Kappeln hierher, weil der Besitzer ihres Heimatortes, Detlev Rumohr auf Roest, sie ihrer Privilegien berauben, sie zu Leibeigenen machen wollte. Die Ex-Kappelner erhielten vom Herzog die Erlaubnis, sich auf dem Kap in der Schlei niederzulassen: Arnis entstand.

Und hat sich seit 300 Jahren einen besonderen Charme bewahrt.

Arnis 1905

»Arnis, Flecken, auf einer Insel in der Schlei (...), 500 Einwohner, Postanstalt, Telegraphenanstalt, Dampfschiffstation, ev. Pfarrkirche, Fischerei, Schiffahrt, Reederei; 1902: 12 Segler mit 500 Br. Reg.-Tons (...).«

(Aus: »Neumanns Orts- und Verkehrs-Lexikon des Deutschen Reichs«, 1905)

Schiffe an Land

Der Angeliter als solcher ist kein Seemann, war kein Seemann. Mit Ausnahmen. Wie die Fischer von Maasholm. Wie die einstigen Schiffer und Seeleute von Kappeln. Und wie die Arnissern, die vor Zeiten Schiffahrt zwangsläufig betreiben mußten, weil sie weitgehend landlos waren und sich anderer Broterwerb auch nicht bot.

Maasholmer Fischer fahren wie eh und je hinaus auf die Ostsee. Auch am Kai von Kappeln machen noch Schiffe fest. Von einer Arnisser Handelsflotte kann allerdings keine Rede mehr sein.

Wohl aber von Boots- und Schiffswerftbetrieb. Für die kleineren Tonnageeinheiten, versteht sich. Weil die Schleipromenade von Bad Arnis (zwangsläufig) Werftgelände quert, kann der Spaziergänger die zwecks Reparatur oder Rundum-Schiffsputz aufgeslippten Seefahrzeuge zum Anfassen nahe bewundern.

Schleiheringe

»Ehemals wurden die Schleihäringe in die entferntesten Gegenden, selbst nach der Türkei verschifft; und noch jetzt kommen alle Jahre Fuhrleute aus dem Innern von Deutschland, aus Thüringen und Hessen, welche diese Waare von den Ufern der Schlei abholen (...).«

(Aus: »Reisen in Dänemark und den Herzogthümern Schleswig und Holstein« von J. G. Kohl, 1846)

Als der Pastor fischen ging

Im März, manchmal auch erst im April, kommt - wohl seit »ewigen Zeiten« - der Hering. In noch immer beträchtlichen Schwärmen zieht er dann schleiaufwärts, um zu laichen, also für Nachwuchs zu sorgen.

Ganz ungefährlich ist für »König Hering« der Schlei-Trip nicht. Die Menschen stellen ihm nach, auch seit »ewigen Zeiten«. Denn sämtliche Fischfeinschmecker waren und sind sich einig: Fangfrisch gebratener Märzhering aus der Schlei ist nicht irgendein Essen, sondern eine Speise der Marke »delikat - delikat!«

Selbstverständlich kann nicht jeder auf der Schlei Fischfang betreiben. Erlaubt ist es nur den »Berechtigten«. Auch das war schon immer so.

Fischereirechte auf der Schlei waren stets heiß begehrt, oft genug auch umstritten. Johannes von Schröder berichtet im Jahre 1854 in seiner »Topographie des Herzogthums Schleswig«: *»Der Prediger und der Küster (von Ulsnis) behaupten das Recht, in der Schlei zu fischen«*. Die Gemeinden Goltoft und Ulsnis meinten, auch das Recht der Kleinfischerei auf der Schlei zu besitzen. Durch Urteil des Oberlandesgerichts vom 12. Juli 1905 wurde das aber klar verneint. Die Begründung: Das eingeräumte Recht der Fischerei beziehe sich auf einzelne Anlieger, nicht aber auf die Gemeinden.

FAN
uhlsport
A

Lust auf Kappeln

Den Blick - in aller Ruhe - von der gegenüberliegenden Schleiseite, von Schwansen, auf das sonnenbeschienene Kappeln nicht versäumen! Eines solchen geschlossenen, harmonisch-schönen Panoramabildes können sich nur wenige Orte in deutschen Landen rühmen.

Im Vordergrund das blaue Wasser der Schlei, »garniert« mit einem roten Ruderboot. Dann die Stahlträger-Drehbrücke, drüben am Kai ein schneeweißes Ausflugsschiff, die Giebelfronten der Häuserzeile am Hafen. Dahinter, auf ansteigendem Gelände, Hausdächer. Rechts die markante, aus spätbarocker Zeit stammende St.-Nikolai-Kirche mit grüner Turmhaube und Turmspitze. Links im Hintergrund die Windmühle »Amanda«, in der sich heute die Touristikinformation

und ein von Brautpaaren sehr gefragtes Trauzimmer des städtischen Standesamtes befinden.

Dieses Bild macht Lust auf Kappeln.

Schon dem Grafen Adelbert von Baudissin muß - vom selben Standort aus - der Anblick des freundlichen Kappelns gefallen haben. Er veröffentlichte im Jahre 1865 in seinem Buch »Schleswig-Holstein. Meerumschlungen« eine Zeichnung des Kappelner Panoramabildes.

Durchblicke

Kappeln, eine Kleinstadt mit Flair, geprägt aus den verschiedensten »Ingredienzien«: Unten an der Schlei eine Prise Hafenatmosphäre der kleineren, feineren Art. Eine romantisch-lange, enge Treppe sowie zwei, drei ziemlich steile, kurze Straßen führen von hier den »Berg hinauf« zum weitgehend verkehrsberuhigten Altstadtquartier. Das ist hell, freundlich, aufgeräumt, stadtplanerisch bestens gestaltet. Moderne kleine Plätze sind eingefaßt von gepflegten historischen Bürger- und Geschäftshäusern. Neubauten fügen sich gut ein in dieses freundliche Stadtbild. Der Turm von St. Nikolai, die Hausdächer überragend, ist gewissermaßen allgegenwärtig. Und hinter jeder Ecke entdeckt der stadtbummelnde Besucher neue interessante Aus- und Durchblicke.

Kappeln 1904

»Im Osten an der Schleimündung liegt das freundliche Städtchen Kappeln (2400 Einwohner). Es trägt seinen Namen nach der alten Nikolaikapelle, die schon 1357 erwähnt wird. Von der Stadt führt eine Pontonbrücke über die Schlei. Die durch die Lage des Orts begünstigte Fischerei ist recht bedeutend. Eines weit verbreiteten Rufes erfreuen sich die als Kappler Bücklinge geräucherten Heringe. Der Ort hat eine landwirtschaftliche Schule.«

(Aus: »Landeskunde Preußens, Heft V. Die Provinz Schleswig-Holstein« von Johannes Schmarje, 2. Auflage 1904)

Das Ende einer Brücke

Alte Brücken sind schöne Brücken. Sie haben Ausstrahlung, so etwas wie Persönlichkeit. Zum Beispiel die Schleibrücke von Kappeln. Die wurde 1927 gebaut, als Drehbrücke und in Stahlträgerkonstruktion. Um die eisernen Elemente zusammenzufügen und um dem Ganzen genügend Festigkeit zu geben, hat man damals Niete an Niete gesetzt. In dichten, langen Reihen sind die Nietenköpfe sichtbar. Gewissermaßen ein Sinnbild der Brückenbauleistungen früherer Zeit.

So betrachtet, ist die über 70 Jahre alte, noch immer voll in Betrieb befindliche Kappelner Schleibrücke ein Baudenkmal. Im »Denkmalbuch«* steht sie auch. Es wird ihr nichts nützen. Im Jahre 2002 soll die Drehbrücke abmontiert werden. Weil sie – wie amtlich formuliert wird – *»den Erfordernissen des modernen Verkehrs nicht mehr entspricht«*. Ziemlich marode soll sie auch sein.

Also wird eine neue Brücke gebaut. Breiter, moderner, verkehrsgerechter, wie gemeldet wird. Eine Klappbrücke in Spannbeton soll es werden. Der Verkehr wird dann wohl besser, schneller fließen. »Gemütlich« und »vertraut« sind für den heutigen Straßenverkehr leider keine passenden Vokabeln. Folglich wird die alte Drehbrücke, wird ein vertrautes Bild, ein Baudenkmal verschwinden. Kappeln wird dann anders aussehen, wohl auch »anders sein«.

Manche Bürger und manche Besucher der Schleistadt bedauern das bereits im vorhinein.

* Nach Angabe in »Topographie der Landschaft Angeln«, Husum Druck- und Verlagsgesellschaft. 1994/95

Dampfeisenbahn

Zum 1. Mai schmücken aktive Mitglieder des Vereins »Freunde des Schienenverkehrs Flensburg, Angeln Bahn GmbH« am Lokschuppen in Kappeln die bereits unter Dampf stehende Lokomotive mit frischem Maigrün. Ganz so, wie in der guten, alten Eisenbahnzeit. »1916« steht deutlich an der Lok zu lesen, was aber nicht das Baujahr, sondern den Typ bezeichnet. Als Baujahr wird 1952 genannt, als Heimatland Schweden. Der Heizer schippt derweil nochmals Kohlen nach.

Die Oldie-Personenwagen sind angekoppelt, die erwartungsfrohen Fahrgäste steigen ein, ein kräftiges Lokpfeifen - und ab geht die Fahrt. Deutschlands nördlichste Museums-Eisenbahn ist »on tour«, auf der noch erhaltenen, knapp 15 Kilometer langen Schienenstrecke Kappeln–Süderbrarup, über Scheggerott und Wagersrott. Und dann zurück, natürlich.

Süderbrarup–Kappeln ist eine 1904 gebaute Eisenbahnstrecke, als Verlängerung des bereits seit 1883 bestehenden Streckenabschnitts Schleswig–Süderbrarup. 1972 wurde der regelmäßige Personenverkehr eingestellt, die Schienen zwischen Süderbrarup und Schleswig später abgebaut.

Nun vermittelt nur noch die »Angelner Dampfeisenbahn« an etwa 14 Betriebstagen im Jahr Eisenbahnnostalgie. Ein Erlebnis, ganz besonders für Kinder.

Auskünfte u.a. über den Fremdenverkehrsverband Kappeln/Ostsee e.V., Tel. 04642-4027.

Der Heringszaun

In seinem Buch »Reisen in Dänemark und den Herzogthümern Schleswig und Holstein« berichtete Reiseschriftsteller J.G. Kohl im Jahre 1846:

»Die Hauptfischer aber sind die Bewohner der kleinen Flecken Cappeln und Arnis und dann die Rittergutsbesitzer, die an der Schlei hin ihre Güter haben. (...) Jeder hat seine Fall-, Fluth- und Hamenzäune. Es sind zum Theil sehr alte und großartige Werke und fast jedes hat seinen eigenen Namen.«

Ein solcher Fischzaun besteht aus einem ausgeklügelten, auf Erfahrungswerten beruhenden System von »Wänden«, aus biegsamen Zweigen geflochten, die sich schließlich trichterförmig verengen. An das Endstück des Trichters wird eine Reuse gestellt. Für die von See kommenden Fische, vor allem für die zum Laichen schleiaufwärts ziehenden Heringsschwärme, ist an den »Wänden« kein Durchkommen. Zwangsläufig schwimmen sie daran entlang, in die Trichter und ... in die Reusen.

Heringsfischerei

»Kappeln, ansehnlicher und nahrhafter Flecken, (...) nahe an der Ostsee, 4 Meilen von Schleßwig, hat etwa 1200 Einwohner, die sich hauptsächlich von der Fischerei, besonders von der Häringsfischerei und dem Handel nähren.«

(Aus: »Neueste Länder- und Völkerkunde. Vierter Band. Die Königsreiche Dänemark, Norwegen und Schweden.« Von Th. Fr. Ehrmann, 1808)

Ein einziger Fischzaun der Schlei blieb in Kappeln erhalten, wird gepflegt und »fängig« gehalten. Der Heringszaun von Kappeln ist auch der einzig noch existierende zumindest in Deutschland, wahrscheinlich sogar in Europa. Ein bewundernswertes Denkmal der Fischfangtechnik.

Am besten zu betrachten ist der Heringszaun vom Fußgängerweg auf der Drehbrücke über die Schlei.

Angeliter Weizen für Finnland

»Kurs Kappeln« lautet das Motto des Wirtschaftskreises Kappeln e.V. Die »KEGUMS« hat das wörtlich genommen, via Ostsee klaren Kurs auf die Schleistadt gehalten und am Pier festgemacht. »KEGUMS« ist ein Frachter von beachtlicher Größe. *»Wie ist das Schiff nur durch die enge Einfahrt von Schleimünde gekommen?«* rätseln voller Hochachtung einige Sehleute an Land. Die Nationalflagge gehört (noch) nicht zu den allgemeinen bekannten. Unter dem Schiffsnamen ist aber als Heimathafen Riga zu lesen. Folglich: die »KEGUMS« ist in Lettland bereedert.

Gleich gegenüber - nur getrennt durch Kai und Schiene, aber überbrückt durch Lösch- und Ladevorrichtungen - ist die Ursache des lettischen Schiffsbesuches auszumachen: Speicher und Bürogebäude der Firma mit den einprägsamen grün-gelben Unternehmensfarben: Getreide AG. Auskunft war zu bekommen: 3000 Tonnen besten Weizen aus Angeln wird die »KEGUMS« für die Getreide AG laden. Ziel der Schiffsreise ist dann nicht etwa Lettland, sondern Finnland.

Womit anschaulich bewiesen wäre, was unter dem Begriff »Leistungsspektrum« im Firmenporträt der Getreide AG nachzulesen ist: Internationaler Getreidehandel. Die weiteren Stichworte lauten: Lagerhaltung, Rohstoffe, Saatgut, Pflanzenschutz, Düngemittel, Logistik, Dienstleistungen.

Die Getreide AG, zur Rothe Unternehmensgruppe gehörend, hat ihre »Wurzeln« auch hier in Kappeln. Im Firmenprospekt ist dazu notiert:

»Die Getreide AG hat ihren Ursprung bereits 1882 in den beiden Familienunternehmen Chr. Sieck und P. Kruse. Als klassische Getreidehandelshäuser in Eckernförde und Kappeln legten sie vor über 100 Jahren den Grundstein für die heutige weltweit agierende Getreide AG. Kontinuierlich ansteigende Erntemengen in den letzten Jahrzehnten erforderten eine ständige Erweiterung von Standorten in zukunftsträchtigen Lagen. Im Jahre 1982 kam es zur Fusion der beiden umsatzstarken Landhandelsunternehmen. Chr. Sieck wurde in die Getreide AG, vormals P. Kruse, eingebracht.«

Neben Kappeln hat die Getreide AG 15 weitere »Wasserstandorte«, diverse zentrale Standorte in den Ackerbauregionen sowie 60 Standorte* zur Aufnahme und Aufbereitung von Ernteerträgen in den großen Erzeugergebieten. Auch in Angeln – versteht sich.

Und somit ist die »KEGUMS«, am Pier vis-à-vis der Getreide AG, in Kappeln kein einmaliges Schiffserlebnis. Getreidetransport auf dem Wasserweg rechnet sich.

* Angaben lt. Firmenprospekt, ausgegeben 1998. Das Unternehmen expandiert weiter.

Probleme

So ist das Leben: Des einen Freud', des anderen Leid. Nachdem der erneuerte Fischereihafen Maasholm im August 1998 in Betrieb ging, sollte der Fischerei-Anlandeplatz Kappeln geschlossen werden. Zweck der Maßnahme: Konzentration auf wenige, leistungsfähige Fischereiplätze an der Ostseeküste. Wirtschaftsstrukturell vermutlich vernünftig.

Kappelner und Arnisser Fischer und - wie man hört - sogar einzelne Fischer aus Maasholm sind damit nicht einverstanden. Sie wollen ihre Fänge weiterhin in Kappeln anlanden. Und sie praktizieren das auch. So ist am Kappelner Fischerei-Kai weiterhin Betrieb.* In Kappeln herrscht darob Freude. Schließlich wurde die Schleistadt durch einige Betriebsstillegungen in den vergangenen Jahren ohnehin in ihrer Wirtschaftskraft geschwächt. Und was für Maasholm gilt, ist auch für Kappeln zutreffend: Fischerei ist ein Faktor für die touristische Attraktivität.

* Stand Oktober 1998

Gesucht: Nachtwächter und Polizeidiener

»Zufolge Verfügung der Königlichen Regierung werden

1) Das Amt eines Polizeidieners und Executors,

2) Drei Nachtwächterbedienungen

in hiesiger Stadt als vacant angezeigt.

Für den Polizeidienerposten sind ausgesetzt

1) Ein jährliches festes Gehalt von 200 Thlr.;

2) Eine jährliche Miethentschädigung von 30 Thlr.;

3) Alle Jahre ein Dienstanzug excl. Helm;

4) Einige kleinere Accidentien.

Für jede der Nachtwächterbedienungen ist ein Gehalt von jährlich 115 Thlr. ausgesetzt; ferner wird jedem Nachtwächter alle drei Jahre ein neuer Dienstrock und eine neue Dienstmütze geliefert. Die Stellen gehören zu denjenigen, welche nach dem unterm 20. Juni 1867 Allerhöchst genehmigten Reglement über eine Civilversorgung und Civilanstellung der Militairpersonen des Heeres und der Marine vom Feldwebel abwärts und nach dem Allerhöchsten Erlaß vom 22. September 1867 mit versorgungsberechtigten Militair-Invaliden zu besetzen sind. Reflectirende haben sich binnen 4 Wochen a dato bei Einsendung ihrer Zeugnisse an den Unterzeichneten zu wenden.

Cappeln, den 1. April 1870.
Der Bürgermeister.«

(Aus: »Amtsblatt der Königlichen Regierung zu Schleswig« vom 8. April 1870)

»Ganz ehrlich: Früher hatten wir hier in Kappeln auch einen Nachtwächter!«

Noore sind keine Seen

Herbsttag am Wormshöfter Noor

Von Gut Buckhagen aus betrachtet erscheint das Wormshöfter Noor wie ein Binnensee, ist doch drüben, auf der anderen Seite, die Baumreihe an der Straße nach Maasholm deutlich zu erkennen. Der Blick übers Noor ist nicht ohne Reiz. Aber die Sache mit dem Binnensee täuscht. Das Wormshöfter Noor ist - der Name sagt es - eine Ausbuchtung der Schlei. Schulrektor Johannes Schmarje hat in seinem Büchlein »Die Provinz Schleswig-Holstein« (2. Auflage 1904) Noore so definiert:

»Als Noore bezeichnet man (...) seeartige Ausbuchtungen der Föhrden. Mit diesen sind sie durch einen verengten Hals verbunden, daher der Name; denn das altnordische Noor heißt Enge.«

Die Schlei hat, auf Angler Seite, weitere Noore zu bieten: Grödersbyer Noor, Lindauer Noor, Günnebyer Noor, Brodersbyer Noor. Ein Noor an der offenen Ostsee ist das Geltinger Noor.

Fischerei und Touristik

Noch vor 40, 50 Jahren war ein Maasholmer mit 99prozentiger Sicherheit ein Fischer. Nicht alle, aber ziemlich viele hießen Laß.

Und heute? Ein »Maasholmer« ist ein Brötchen mit heißer Fischfrikadelle, Ketchup, Röstzwiebeln und Gurken. So ist es groß angeschrieben am Imbißkiosk unten am Hafen. Diese »Maasholmer« - stets frisch - sind übrigens sehr zu empfehlen.

Spaß beiseite: Nach wie vor fährt eine beachtliche Anzahl Maasholmer Fischer hinaus, haben Kutter und Fischerboote im Hafen ihre Liegeplätze. Und die Maasholmer Fischerei-Genossenschaft ließ am Fischereihafen ein neues Wirtschaftsgebäude errichten. Im August 1998 war große Einweihungsfeier. Entstanden sind ein 40-Tonnen-Kühllager mit einer täglichen Eisfabrikation von 24 Tonnen, ein Netzschuppen sowie Sozialräume für die Fischer. Außerdem ein Maschinenhaus mit Kistenlager und ein Fischladen. Die Kaianlage wurde ebenfalls saniert. Der Fischereihafen Maasholm verfügt nunmehr über sieben große und zwei kleine Löschplätze mit einer Kapazität für 30 bis 40 Fischkutter. Zukunftssicherung für die 29 in der Genossenschaft organisierten Fischereibetriebe* und für den traditionellen Fischerstandort Maasholm! Geschäftsführer Sönke Morsch erklärte, dieser Anlandeplatz solle künftig auch von Fischern aus anderen Regionen genutzt werden.

Allerdings, so ausschließlich das Ambiente des Ortes und die wirtschaftliche Situation bestimmend wie noch vor ein paar Jahrzehnten ist die Fischerei nicht mehr. Maasholm wandelte sich daneben mehr und mehr zum Urlauber-, zum Touristen-, zum Ausflugsort. Und zum Hafen der Freizeitkapitäne. In den dafür ausgebauten Hafenanlagen haben etwa 450 Segel- und Motoryachten Platz. Im Sommer herrscht »full house« an allen Stegen.

Irgendwie haben die Maasholmer es bestens hinbekommen mit dieser verzahnten Mischung aus Fischerei und Touristik. Der schleswig-holsteinische Landwirtschaftsminister Klaus Buß sagte es anläßlich der Einweihung des »runderneuerten« Fischereihafens so: *»Außerdem ist die Fischerei ein wichtiger Faktor für die touristische Attraktivität Maasholms.«* Wie wahr!

Bei alldem wird Tradition gewahrt. Beispiel: die »Junge-Leute-Gilde Maasholm von 1757«. Hauptmotiv ihrer neuen Fahne - die alte war ziemlich zerschlissen - ist eine Abbildung des Fischkutters »MAA 195«.

* Stand August 1998

Der Charme des alten Fischerortes

Maasholm, das »alte Dorf«, ist an drei Seiten von Wasser umgeben und dadurch räumlich begrenzt. Dennoch ist es gelungen, die touristische Infrastruktur vorbildlich zu verbessern. Parkplätze und öffentlich zugängliche Sanitärgebäude entstanden, kleine und größere Wanderstrecken wurden angelegt, Sitzbänke stehen überall. Eine vielseitige Gastronomie, Hotellerie und private Zimmervermieter erwarten rund um den Kalender ihre Gäste.

Trotz Ausbauten, Neubauten, Modernisierungen: Noch blieb der besondere Charme des »alten« Fischerortes weitgehend erhalten. Mit reetgedeckten ehemaligen Katen, mit Utlucht-Häusern*, mit Stockrosen vor weißen Hauswänden, mit Sprossenfenstern und schönen Haustüren. Manche der Häuser und Häuschen haben eine wechselvolle Geschichte, wie die einstöckige, denkmalgeschützte Reetdachkate Hauptstraße 69. Als Eigentümer sind bekannt:

1805	Claus F. Luden	- Tischler und Bootsbauer
1816	Claus Carstensen	- Parzellist
1823	Andreas F. Petersen	- Schiffer

1871	Carl-Lorenz Petersen	- Käsemacher und Schiffszimmermann
1906	Heinr. August Brox	- Fischer
1942	Jacob-Karl V. Laß	- Fischer
1968	Laß-Erben	
1985	Gemeinde Maasholm	- Rathaus

Ein besonderes Schmuckstück ist die Westerstraße. Das erst 1952 gebaute kleine Kirchlein fügt sich in dieses malerische Straßenensemble so ein, als gehörte es von Anfang an dazu.

Fischereinostalgie ist an den alten Bootsliegeplätzen an der Schleiseite vor dem Wormshöfter

Noor zu sehen, zu erleben, zu empfinden. Hier waren in nebeneinander gereihten, mittels Pfählen und Planken abgeteilten Kojen die Liegeplätze der flachgehenden Fischerkähne. Einige wenige aktive Fischerboote haben noch heute hier ihre Heimat.

* Utlucht: ganz schmaler Vorbau an der Straßenseite des Hauses, mit Fenstern links, rechts und vorne, durch die die Straße nach allen Seiten eingesehen werden kann.

»Slessmynna«

»Slessmynna« ist - deutliche Oberkörperrundungen lassen keinen Zweifel - eine Frau. Angezogen mit dunklem Rock, einem langen blauen Pullover, das Haar straff gekämmt, hält sie von der Hafenmole Maasholm Ausschau hinüber nach Schleimünde. Wohl um zu sehen, ob die Schleiausfahrt wieder versandet. Oder - Gott bewahre! - ob Seeräuber aufkreuzen.

Seeräuber gibt es nicht mehr?! Nun ja. »Slessmynna« ist im Ursprung auch reichlich älter, stammt sehr wohl aus Seeräuberzeiten. »Slessmynna« ist die historische Bezeichnung der Schleimündung und stammt aus dem Jahr 971 n.Chr.

So jedenfalls ist es nachzulesen auf einem kleinen Schild, das angebracht ist an einem »unvollendeten« hölzernen Vorderteil, dem »Baugerippe« eines Schiffes. Ob daraus - baute man das Schiff fertig - ein Maasholmer Fischkutter früherer Zeit oder ein Wasserfahrzeug aus »Slessmynnas« Tagen vor rund 1000 Jahren entstehen würde, bleibt dem schiffsbautechnischen Wissen oder - wie schön - der Phantasie des Betrachters überlassen.

An diesem Maasholmer Schiffsvorderteil der unvollendeten Art wird garantiert nie weitergebaut, ist es doch ein ebenso originelles wie interessantes »Denkmal« für den Fischer- und

Schifferort Maasholm. Und natürlich für »Slessmynna«.

Versteht sich, die heutige Dame »Slessmynna«, die beschriebene mit besagten Rundungen, blauem Pulli und klarem Blick, ist eine von Bootsbaumeister Loechelt aus Holz geschnitzte Galionsfigur, angebracht am Vordersteven des Schiffsdenkmals. Das haben die Hafenmeister Petersen und Hoffmann gebaut. Gestiftet wurde das Ganze von der Firma Jaich, Kappeln/Arnis.

»Slessmynna« blickt aufs Meer hinaus...

Deiche schützen

Im Gegensatz zu ihrer oft wild-stürmischen Schwester Nordsee ist die Ostsee ein zumeist ruhiges (Binnen-) Meer. Wohlgemerkt zumeist, aber nicht immer. Auch die Ostsee kann, von anhaltendem Oststurm gepeitscht, mit mächtigen Wellenbergen und donnernder Brandung auf die Küste prallen. Entwickelt sich der Sturm zum Orkan, werden Hafenanlagen, Deiche, Steilküsten, Uferzonen in den absoluten Härtetest genommen.

Im August 1989 verwüstete ein völlig unvorhergesehener Sommerorkan an der schleswig-holsteinischen Ostseeküste einige Segelhäfen, zerlegte Boote und Yachten für ein paar Millionen Mark zu Kleinholz. Unvergessen ist an der Küste das schlimmste Ostseehochwasser seit Menschengedenken vom 13. November 1872. Bis weit ins Land hinein kam es bei einem Orkan mit Windstärken um 12 zu verheerenden Überflutungen und schweren Schäden. Auch in Angeln erinnern in manchen Orten Hochwassermarken an diese Flut, die einen Pegelstand von 3,40 Metern über Normal erreichte.

Die Ostseedeiche, zum Beispiel von Oehe und Hasselberg, sind folglich unverzichtbar.

Deichspaziergang

Deiche schützen das dahinter liegende Land bei Oststürmen und hochauflaufender See vor Überflutungen. Deshalb, und nur deshalb wurden sie errichtet.

Und doch dienen sie auch anderen, sehr nützlichen Zwecken. Der Deich Oehe-Hasselberg ist eine wunderschöne Ostsee-Wanderstrecke. Weil Deichkronen höher liegen als Land und See, ist freier Blick nach zwei Seiten garantiert. Der Deichhang im sanft geschwungenen Bogen, der helle Sandstrand und die weite See hier, das tiefliegende Land dort.

Bei Oehe-Gut läßt sich vom Deich aus auch ein Blick auf die Seitenansicht des Herrenhauses erhaschen. Ansonsten ist laut deutlicher Hinweisschilder das Betreten des Gutsgeländes für Unbefugte untersagt. Schade, aber verständlich. Gut Oehe, das ist auch ein Teil der schleswig-holsteinischen Geschichte, Abteilung alter Adel. Die von Sehestedt, Pogwisch, v.d. Wisch, von Ahlefeld, von Rumohr waren - neben anderen - in Jahrhunderten Eigentümer. Wulf Pogwisch, so meint Oldekop*, wird um 1554 den Hof aufgebaut haben.

Die Ostsee, zur anderen Deichseite, scheint im Sonnenlicht zu lächeln: *»1554 - na und?! Fragen Sie mal, wie alt ich bin. Und dabei noch jugendschön wie am ersten Tag...«*

* »Topographie des Herzogtums Schleswig« von Henning Oldekop, Verlag Lipsius & Tischer, 1906.

Binnenseen

Im Vergleich etwa zur Holsteinischen Schweiz ist diese Landschaft mit Binnenseen nur spärlich ausgestattet. Wer über die einzigartige Schlei im Süden, die Flensburger Förde im Norden und die freie Ostsee im Osten verfügt, kann darauf allerdings auch problemlos verzichten.

Zu einigen wenigen Seen hat es doch gereicht. Zu nennen sind der Langsee bei Süderfahrenstedt, der Südensee bei Sörup und der Winderatter See nördlich von Winderatt. Diesen drei Seen ist ihre Ausrichtung von Nordost zu Südwest gemeinsam. Die zu Ende gehenden Eiszeiten mit ihren riesigen Schmelzwassermassen haben dies bewirkt, sich hier Abflußrinnen und Tunneltäler geschaffen. Die steil ansteigenden Uferhänge am Langsee lassen noch immer ahnen, welche gewaltigen Wasserkräfte in vorgeschichtlichen Zeiten am Werke waren.

Ein paar (noch) kleinere Seen sollten nicht vergessen werden: der Roikier See bei Glücksburg, der Havetofter See und der stark in Verlandung befindliche Treßsee westlich von Großsolt.

Noch vor hundert bis zweihundert Jahren war Angeln seenreicher. Eine ganze Anzahl ehemaliger, zumeist flacher Seen sind seither verschwunden, durch natürliche Verlandung oder durch Trockenlegung. Beispiele: der Schaalbyer See, der Satrupholmer See, der Tolker See und - in der Gemeinde Struxdorf - der Ekebergsee.

Am Langsee

Ein Amtsgebäude

Durch das Dorferneuerungsprogramm hat sich Tolk fein herausgeputzt, sich wirklich »erneuert«. Und dabei doch »das Alte« in gepflegter Form bewahrt, einschließlich einer Anzahl stolzer Dreiseithöfe und Bauernhäuser in Herrenhausgröße sowie einiger ehemaliger, zu Schmuckstücken gewandelter Katen.

Nur die Amtsverwaltung war noch immer am Ortsrand im ehemaligen »Armenhaus« untergebracht. Ein Gebäude, das bautechnisch in keiner Weise den Anforderungen einer modernen, bürgerfreundlichen Verwaltung gerecht werden konnte. Um- und Anbauten wären Stückwerk geblieben und zudem unverhältnismäßig teuer geworden. Ein Neubau mußte her!

Die Amtsverwaltung und die sie tragenden sieben Gemeinden hatten Glück. Mitten in Tolk fand sich noch eine unbebaute, ausreichend große und zudem verkäufliche Fläche. Leitender Verwaltungsbeamter Heiko Albert: *»Eine Verwaltung gehört möglichst ins Zentrum eines Ortes, nicht an die Peripherie.«*

Als Tolker Amtsglücksfall Nr. 2 erwies sich der Architekt, Konrad Meyer aus Rendsburg. Der Mann hat es verstanden, in den Jahren 1992/93 nach vorgegebenen, generellen Rahmenbedingungen ein Amtsgebäude zu erstellen, das das Prädikat »architektonische Meisterleistung« uneingeschränkt verdient. Mit drei Ausrufungszeichen!!!

Das eingeschossige Amtshaus ist modern, im besten Sinne des Wortes. Und fügt sich dennoch (oder gerade deshalb?) stilistisch harmonisch ein in das überkommene Bautenensemble des Ortes. Von außen wirkt das Gebäude eher bescheiden.

Es ist aber - der Innenbesuch zeigt es - großzügig ausgelegt. Als offenes Viereck konzipiert, umschließen die vier Gebäudeseiten einen kleinen, gemütlichen Innenhof. Das ist ein Beitrag zur allenthalben spürbaren »Wohlfühlatmosphäre«. Außerdem ist durch diese Anordnung der Zimmer (die nach außen liegen) und des umlaufenden Flures (innen) das Verwaltungsgebäude in hohem Maße benutzerfreundlich. Heiko Albert: »*Hier kann sich keiner verlaufen; man muß nicht auf verschiedenen, verschachtelten Etagen herumsuchen.*«

Amtsvorsteher Hans-Werner Berlau lobt »sein« Amtshaus denn auch als »sehr kommunikativ«. Das gelte sowohl in der Innenwirkung hinsichtlich der Zusammenarbeit der Mitarbeiterinnen und Mitarbeiter als auch und vor allem nach außen: Verwaltung zu den Bürgern, die Bürger zur Verwaltung. Im Amtsbezirk leben 6200 Einwohner.

Tolks Amtsgebäude ist nicht nur hervorragend funktional, es ist auch - einfach gesprochen - sehr schön. Sorgsam verarbeiteter roter Ziegelstein außen, gelber, schmückender Ziegelstein in den Flurwänden innen setzen die Akzente in Material und Farbe. Die gesamte Innenausstattung wurde ebenfalls von dem Rendsburger Architekten Konrad Meyer konzipiert und realisiert. Ein Gesamtwerk »aus einem Guß«. Bis hin zu den sieben formschönen und sitzbequemen Bänken auf den Fluren. Jede Bank trägt, in Großbuchstaben eingeschnitzt, den Namen einer der

Das neue Tolker Amtsgebäude (links)
und ein alter Angliter Dreiseithof (unten)

zum Amt Tolk gehörenden Gemeinden: Brodersby, Goltoft, Nübel, Schaalby, Taarstedt, Tolk und Twedt.

Sympathische »Kleinigkeiten« komplettieren den freundlichen Gesamteindruck. So heißt der Aufenthaltsraum der Mitarbeiter nicht, wie sonst in Verwaltungen üblich, »Sozialraum«, sondern »Café Hofblick«. Dieser Name stammt »von draußen«, von einem Bürger. Vorgeschlagen anläßlich eines Wettbewerbs im Rahmen der Hauseinweihung mit »Tag der offenen Tür« im Jahre 1993.

»Offene Tür« gibt es weiterhin. Nicht nur für jene, die ein »Anliegen« haben. Auch für alle, die sich die wechselnden Gemäldeausstellungen einheimischer Künstler – Profis und Amateure – auf den Fluren ansehen wollen. Keine Frage, die gelben Backsteinwände sind eine prima Gemäldegalerie. Amtsvorsteher Hans-Werner Berlau: *»Amtsausschuß und Amtsverwaltung sind an einer Nutzung des neuen Amtshauses auch für kulturelle Veranstaltungen sehr interessiert.«*

Bleibt nachzutragen: Die Kosten für das Amtsgebäude samt Einrichtung »mit allem Drum und Dran« und einschließlich Feuerwehrgerätehaus betrugen 3,55 Millionen DM. Ohne Zweifel, das ebenso schmucke wie höchst funktionsgerechte Gebäude wurde in einem sehr guten Preis-Leistungs–Verhältnis errichtet. Hans-Werner Berlau und Heiko Albert sind sich deshalb einig: *»Wir würden unser Amtshaus wieder so bauen.«*

Dorfmuseum Dammholm

Das kleine, ziemlich verstreut angesiedelte Dorf Dammholm liegt - wenige Kilometer südlich von Havetoftloit - so richtig »mitten im Land«. Und hier, abseits aller großen Straßen ist im Heidelücker Weg 4, in ehemaligen Wirtschaftsgebäuden eines Bauernhofes, das private Museum des Hans-Heinrich Clausen zu besichtigen. »Dorfmuseum Dammholm« - eine Museumsüberraschung! Denn wer erwartet schon im weiten Angeliter Land von einem privaten Dorfmuseum eine der umfangreichsten heimatkundlichen Sammlungen im Norden Schleswig-Holsteins?

Um die 4000 Einzelstücke sind es, die Hans-Heinrich Clausen in Jahrzehnten zusammengetragen hat. Alte bäuerliche Gegenstände aus Haus und Hof, Werkzeuge für Holzbearbeitung, Feldbearbeitungsgeräte, eine Dorfschule von anno einst, komplette Dorfschusterei und Sattlerei, Geräte zur Torfgewinnung, Haus- und Küchengeräte. Und so weiter. Und so weiter. Manche Exponate sind mehr als 200 Jahre alt. Kein Stück, das Hans-Heinrich Clausen seinen Museumsbesuchern nicht ebenso sachverständig wie anschaulich erklären und erläutern kann. Und weil der freundliche Besitzer dieses Dorfmuseums auf ebendiesem Hof bis 1982 praktizierender selbständiger Landwirt war, weil seine Familie seit mehr als 200 Jahren hier ansässig ist, weil er zudem die 315 Seiten umfassende »Dorfchronik Dammholm« zusammengestellt und herausgegeben hat, kennt er sich mit dem kulturellen Erbe des Dorfes umfassend, gründlich und detailliert aus. Der Mann weiß, wovon er berichtet.

Und so werden die Museumsstücke für den Besucher geradezu wieder »lebendig«. Die Grützmühle von 1755, vermutlich die älteste im Land. Die einst von einer Windmühle angetriebene »Wasserschnecke« aus dem Satrupholmer Moor. Der Göpel von 1880, mit dem Pferdekraft auf Maschinen übertragen wurde. Der hölzerne Wagenheber für den danebenstehenden Kastenwagen. Die Hungerharke, von der Hans-Heinrich Clausen natürlich berichtet, woher dieser eigentümliche Name stammt. Die hölzerne Wasserleitung, »Pipenrohr« genannt. Die Kornsäcke aus Leinen von 1852. Die annähernd komplette Sammlung landwirtschaftlicher Geräte aus der Zeit vor der Technisierung. Pflüge aller Art. Ein Kätnerhandwagen. Der Kerzenziehtisch von 1748. Die Schulbänke und Schiefertafeln und Griffelkästen, mit dem Klassenzimmerofen samt Kohlenkasten, mit Blümchenmustern verziert. Die hölzerne Drehbank mit Fußantrieb. Ausstattungen der Waschküchen aus ganzen Epochen. Der hölzerne Original-Zollstock mit Einteilungen nach den Maßwerten »Zoll« und »Fuß«. Die »Stöfkist« zur Kornreinigung im Handbetrieb. Das Fahrrad mit Holzbereifung. Die aus Stroh geflochtenen Bienenkörbe. Historische Waagen und Gewichte. Die Verschlußmaschinen für Konservendosen.

Die Aufzählung ließe sich »endlos« verlängern. Es fehlt nichts, was einst zum Arbeiten und Leben im Dorf gehörte. Hier läßt sich dieses Kulturgut besichtigen und »begreifen«.

Das Dorfmuseum Dammholm ist geöffnet von April bis Oktober. Vorherige Anmeldung ist wünschenswert, für Gruppen erforderlich. Telefon: 04623-312.

»Steinreich«

Gewachsener Fels steht in Angeln nicht an. Aber Felsreste, landläufig Steine genannt, gibt es reichlich. Von winzigklein bis tonnenschwer. Zumeist handelt es sich um zerlegte Teile skandinavischer Gebirge. In einigen -zig Jahrtausenden in mehreren Schüben von Eiszeiten herantransportiert und übers Angeliter Land verteilt.

Die Bauern haben seit Jahrhunderten damit ihren Kummer. Generation auf Generation hat schon unendlich viele Steine abgesammelt. Aber immer wieder liegen zu viele und zu große auf den Äkkern, von unten »hervorgewachsen« oder herausgepflügt. Früher für die Sense des Schnitters und für den einfachen Pflug, heute für die landwirtschaftlichen Maschinen sind die größeren altskandinavischen Gebirgshinterlassenschaften - etwa von Kohlkopfgröße an aufwärts - reines »Gift«. Und so muß auf besonders steinreichen Feldern weiterhin Jahr für Jahr abgesammelt werden.

Die meisten dieser Sammelstücke legen die Landwirte am Feldrand ab. Manche finden auch Abnehmer, zum Beispiel für Steinmauern. Besondere Beachtung finden die Steine weiter nicht. Mit Ausnahmen. Hans-Heinrich Clausen in Dammholm hat seit Jahren besonders interessante und schöne Steine von den einheimischen Äckern gesammelt und auf seinem Hof aufgereiht und ausgestellt. Mehr als 2000 Stück sind es inzwischen.

Der Besucher staunt. Über die große Anzahl der unterschiedlichen Gesteinsarten. Über die Schichten, Adern, Maserungen, Zeichnungen und Einschlüsse im Gestein. Über die vielfältigen Formen. Und über die ausdrucksvolle Schönheit mancher Steine - wie kleine Kunstwerke. In der Sammlung befinden sich auch geologische Kostbarkeiten, von Fachwissenschaftlern der Universität Kiel erkannt und bestätigt. Merke: Angelns Äcker bergen auch geologische (Stein-) Schätze. Manche sind Jahrmillionen alt.

Die Steinsammlung ist im Rahmen des Dorfmuseums Dammholm zu besichtigen. Terminvereinbarungen empfohlen. Tel. 04623-312.

Windmühlenbild und Psalmentafel

Havetoft - das »Drei-Teile-Dorf«.

Teil 1, oben an der Landstraße, ziemlich separat gelegen, mit der aus romanischer Zeit stammenden Kirche. Ein Schmuckstück ist das gemauerte, leuchtend weiße Eingangstor zum Friedhof mit zwei rundbogigen Durchlässen.

Teil 2, das Neubaugebiet, besetzt mit Einfamilienhäusern in fröhlichem Bautenkunterbunt.

Teil 3, das alte Dorf, abseits der Landstraße. Mit manchem malerischen Winkel. Mit stattlichen Häusern, auch mit Häuschen im Stil des »alten« Angeln. Und mit der ehemaligen Wassermühle. Die hat gewiß schon bessere Tage gesehen, besitzt aber noch immer so etwas wie Charme. Einige Details sind interessant. Wie das über der Eingangstür des rechten, dreistöckigen Gebäudeteils zu entdeckende kleine Relief mit der Abbildung einer Windmühle. Windmühle - an einer Wassermühle? Alles hat seine Richtigkeit, stand doch einst unmittelbar neben der Wassermühle eine Windmühle. Bis 1908 soll sie in Betrieb gewesen sein, wurde dann abgebrochen. Der rechte, mit dem Windmühlenbildnis geschmückte Gebäudeteil hat demnach zur Windmühle gehört. Auch der linke, zweistöckige Gebäudeabschnitt - ganz bestimmt Wassermühle - ist verziert. Mit einer Inschriftentafel über der Eingangstür. Der Text: ein Psalm - in lateinischer Sprache. Auf dem aufgestauten Mühlenteich, gleich gegenüber, blühen im Sommer gelbe Teichrosen, auch Große Mummel genannt.

Wie sagte doch Oldekop in seiner »Topographie« anno 1906: *»Havetoft ist ansehnlich.«* Das stimmt bis auf den heutigen Tag.

Havetoft (unten) und das Hechtmoor (rechts)

Wo Blaubeeren reifen und Eidechsen huschen

Das Hechtmoor hält sich versteckt hinter einem schmalen Kranz aus Erlenbruchwald. Das gibt diesem unter Naturschutz stehenden Hochmoorgebiet eine abgeschlossene, geschützte Lage. Still ist es hier, in dieser Natur-Oase der speziellen Art. Nur ein Kuckuck ruft unermüdlich. Eidechsen huschen ins Blaubeerkraut auf den Dämmen am Weg. Die Pfade durchs Moor federn unter den Schritten des Wanderers: der Torfuntergrund ist spürbar. Viereckkuhlen lassen erkennen, wo früher Torf abgegraben wurde. Größere Abtorfungen wandelten sich zu kleinen Moorteichen. Wer sich in Wildblumen auskennt, entdeckt seltene Arten. Birken, Partien von Heidekraut, verschiedenste Gräser und Binsen gehören zum Landschaftsbild.

Von Havetoftloit aus führt ein naturschöner Feldweg – ca. 1 km – zum Hechtmoor mit einem Wanderpfad-»Einstieg«.

Das Telegrafenwappen

Hochschauen lohnt. Zum Beispiel in der Bahnhofstraße in Süderbrarup. Da ist am Haus Nr. 6 mancherlei zu entdecken. Ganz oben ein mit roten Ziegelsteinen abgesetzter Treppengiebel, dessen Stufen mit grünen Dachziegeln gedeckt sind. Die durch den Treppengiebel eingerahmte Wandfläche ist weiß verputzt. Auf diesem Weißputz prangt in kontrastreichem Schwarz ein beachtlich groß geratener Reichsadler aus kaiserlicher Zeit. Darunter zwei steinerne, schräggestellte Wappenschilder, wie die Giebeltreppen durch rote Ziegelsteine gerahmt. Das linke Motiv zeigt auf dunklem Grund das bekannte »goldene« Posthorn, hier verziert mit einer roten Kordel. Das rechte Motiv bedarf genauerer Betrachtung und wird vermutlich nur von der älteren Generation »enträtselt« werden. Dargestellt sind zwei Tele-

grafenmasten mit Telegrafenleitungen, die isolierend befestigt sind an vier Porzellanglocken, und – stilisiert – der elektrische Telegrafen»funken«, der durch die Leitungen geht. Mit anderen Worten: Hier ist auf kleiner Fläche die leitungsgebundene Überlandtelegrafie, wie sie noch vor einigen Jahrzehnten gang und gäbe war, abgebildet. In dieser Form wohl mehr als eine Seltenheit, eine Rarität. Und eine Erinnerung an die Kommunikationstechnik von früher.

Die Übermittlung solcher telegrafischer Nachrichten gehörte zu den Aufgaben der einstigen Reichspost. Adler, Posthorn und Telegrafenleitung als Schmuckelemente auf der Außenfassade weisen somit eindeutig auf die Funktion des Hauses

Op to Brarupmarkt

»›Op to Brarupmarkt‹ – so heet nu disse Dagen wedder de Parool för asig veele Minschen hier in Angeln un vun annere Kanten. Ok veele vun unse Urlaubers sind geern dorbi. Alleen mit Henwies op Traditschoon is nicht torecht to kriegen, dat disse Markt de Lüüd vun överall her so gresig antrecken deit. ›Brarup‹ is bi all sein Öller jung bleven.«

(Aus dem Beitrag »Breef ut Brarup: Nu geiht dat rund« von Helmut Marxen. Veröffentlicht in »Schlei-Bote«, Ausgabe vom 23. Juli 1998)

Detailreiches Süderbrarup

hin. Berthold Hamer berichtet in seiner »Topographie der Landschaft Angeln«*, der Postmeister habe im Jahre 1902 dieses Gebäude erbaut und es dann an seine Post vermietet.

Nach oben blicken in der Bahnhofstraße. Das empfiehlt sich auch am Haus Nr. 10, vermutlich etwa um dieselbe Zeit errichtet. Feinst modellierte Stuckarbeiten sind hier eine ausdrucksvolle Zierde über Fenstern und an Simsen. Handwerksarbeit damals – in geradezu künstlerisch anmutender Vollendung.

* Erschienen bei: Husum Druck- und Verlagsgesellschaft mbH u. Co. KG, Husum, 1994/1995.

Angelns fünfte Jahreszeit

Brarupmarkt, von »richtigen« Angelitern zumeist kurz, aber liebevoll nur »Brarup« genannt, ist mehr als ein Jahrmarkt, mehr als irgendein Volksfest. »Brarup«, seit mehr als 400 Jahren urkundlich belegt, ist eine Institution, wird gern auch als »5. Jahreszeit der Landschaft Angeln« beschrieben. Und der größte ländliche Jahrmarkt Schleswig-Holsteins sind diese fünf tollen Tage in Süderbrarup auf dem historischen Marktplatz von Freitag bis Dienstag, jeweils Ende Juli, sowieso.

Schon die Eröffnung hat Art. Zum Auftakt spielt eine Stunde lang der Musikzug der Amtsfeuerwehr Süderbrarup, bevor Bürgermeister Johannes-Peter Henningsen um 15.00 Uhr am Freitag den Markt für eröffnet erklärt. Ab dann drehen sich das Riesenrad und Karussells der High-tech- und der guten, alten Art, herrscht frohe Kindererwartung beim Kasper, wird geschossen und geworfen, werden Lose gekauft und Hauptgewinne abgeräumt. Der Bratwurstumsatz ist enorm. Lebkuchenherzen mit Brarup-Zuckerguß-Schrift finden Liebhaber. In den Festzelten mit zusammen etwa 2500 Plätzen geht am Abend »die Post so richtig ab«. Überhaupt, man geht »auf Brarup« - so um die 300.000 Besucher sind es alljährlich.

»Brarup« hat auch besinnliche Seiten. Etwa mit dem Brarup-Gottesdienst am Sonntagmorgen in einem der Festzelte, gestaltet vom Süderbraruper Pastor Frank Schnoor und dem Schausteller-Pfarrer Peter Biehl, umrahmt vom Süderbraruper Männerchor und der Bläsergruppe. Dabei wird dann auch schon mal ein Schaustellerkind getauft, ein anderes konfirmiert.

Zum Rahmenprogramm gehören Pferdemarkt, Flohmarkt für Kinder, ein Riesenfeuerwerk. Und neuerdings wieder ein »Heiratsmarkt« am Abend vor Markteröffnung. Damit wird - in neuzeitlicher Form - eine alte Tradition wiederbelebt. Dazu Marktmeister Dirk Lorenzen: *»Früher hatten Landarbeiter und Hausangestellte aus den Dörfern nur auf dem Brarupmarkt die Gelegenheit zum Kennenlernen.«*

Brarupmarkt

»Der weit über Angeln hinaus berühmte Pferde- und Krammarkt, welcher alljährlich in dem Kirchdorfe Süderbrarup am Montag, Dienstag und Mittwoch nach Jacobi abgehalten wird, verdankt, wie die großen deutschen Messen, seinen Ursprung der mittelalterlichen Sitte, in den resp. Hauptkirchen an den Gedächtnißtagen der Schutzheiligen feierliche Messen zu halten, wozu von nah und fern die Schaaren der andächtigen heilsbedürftigen Gläubigen herbeiströmten. An die Fersen des herumreisenden Bischofs heftete sich der speculative Kaufmann, wie Jener für das Heil der Seele, so Dieser für die Bedürfnisse des sterblichen Leibes sorgend. Unmöglich konnte er sich eine solche günstige Gelegenheit zum schnellen gewinnbringenden Absatz seiner Waaren entgehen lassen, und bei den höchst mangelhaften Verkehrsverhältnissen des Mittelalters lag es auch für den Consumenten sehr nahe, daß er mit dem Nothwendigen das Nützliche verband und für die mannigfachen Opfer, welche er der Pflege seiner Seele brachte, hinterher eine Art Entschädigung in den materiellen Vortheilen und Freuden eines Jahrmarktes fand. (...)

Was speciell Süderbrarup anbetrifft, so mochte zu seiner Berühmtheit auch die hier befindliche, für heilig und heilskräftig gehaltene Quelle, zu welcher in früheren Jahrhunderten fleißig gewallfahret wurde, nicht wenig beigesteuert haben. (...)

Brarup-Markt wurde zu einem Volksfest in des Wortes vollster Bedeutung; die noch heute übliche Redensart: ›Dor is wol Brarup west!‹ verleiht einer geselligen Zusammenkunft den Charakter des Amusanten und Außerordentlichen; Brarup bezeichnet den Inbegriff aller Herrlichkeit und symbolisiert eine Gabe, worauf artige Kinder Anspruch erheben können, wie auf ihren ›Weihnacht‹.«

(Aus: »Angler Skizzen« von A. Hansen. 1881)

Das Thorsberger Moor und seine Geheimnisse

An sonnigen Sommertagen ist das Thorsberger Moor, im Nordteil von Süderbrarup gelegen, eine freundliche, zu Spaziergängen einladende Grünanlage mit einem romantisch anmutenden kleinen Waldsee in der Mitte.

Aber an diesem wolkenverhangenen, regnerisch-ungemütlichen Apriltag zeigt sich das Thorsberger Moor in einer mystisch-melancholischen Stimmung. Der einzige Besucher empfindet ein wenig Einsamkeit, eine Spur rätselhafter Traurigkeit. In den hohen, noch blattlosen Bäumen krächzen ununterbrochen Scharen von nesterbauenden Krähen. Unheimlich.

In Augenblicken wie diesen läßt sich am ehesten nachempfinden, wie es gewesen sein mag, damals, als in vorgeschichtlichen Zeiten die einstigen Bewohner der Landschaft hier am Thorsberger Moor ihre Opfergaben versenkten.

Das Moor, eine von Hügeln umstellte Senke, muß über ganze Zeitalter hinweg - von der Steinzeit über die Bronzezeit bis etwa zum Jahr 400 n.Chr. - eine Stätte überragender Bedeutung, vermutlich religiöser Art, gewesen sein. Wie sonst wäre es wohl zu erklären, daß durch systematische Ausgrabungen, insbesondere zwischen 1858 und 1863, etwa 2500 Teile aus jenen historischen Zeiten geborgen werden konnten? Die meisten und die wertvollsten Funde stammen aus der Zeit um 200 n.Chr.: Waffen, Teile der persönlichen Ausstattung von Kriegern, wie ein silberner Maskenhelm, vergoldete Zierscheiben, Kleidungsstücke, Münzen, Gefäße. Manche Teile, zum Beispiel die aus römischer Werkstatt stammende Zierscheibe, sind von meisterhaft gearbeiteter Eleganz, wahrer Luxus.

Der einsame Besucher am Thorsberger Moor beginnt zu grübeln: Haben die alten Angeln diese Kostbarkeiten eingetauscht? Oder haben sie,

weit südwärts marschiert, eine vornehme römische Ansiedlung überfallen und ausgeraubt? Oder? Und wann wurden die Teile im Thorsberger Moor versenkt, geopfert? Sogleich nachdem man sie erworben hatte? Zu besonderen Anlässen? Oder dann, als sich die Besitzer dem Zug der alten Angeln nach Britannien anschlossen?

Es sind wohl - soviele Deutungsversuche es auch gibt - Geheimnisse, die das Thorsberger

Der Verbleib

Um 1860 entwickelte sich das Thorsberger Moor zu einem der bedeutendsten und ergiebigsten Grabungsplätze für historische Funde in Nordeuropa. Auch König Friedrich VII. (jener aus Dänemark) kam des Weges, um zu sehen, was sich hier tat. Schließlich war sogar schon Goldschmuck gefunden worden. Versteht sich, daß weitere wertvolle Stücke geborgen wurden, als der König zugegen war.

Weil zu jener Zeit die dänische Krone noch die Oberhoheit über das Herzogtum Schleswig besaß, wanderte ein Teil der Thorsberg-Funde ins Nationalmuseum nach Kopenhagen. So, wie es für alle dänischen Lande üblich war (und ist).

Ein weiterer Teil der Funde befindet sich im Schleswig-Holsteinischen Landesmuseum in Schleswig, Schloß Gottorf.

Und die Süderbraruper, gingen die völlig leer aus? So ist es wohl! In dem kleinen Informationsblatt »Süderbrarup grüßt seine Gäste« findet sich jedenfalls kein Hinweis auf zu besichtigende Thorsberg-Funde in Angelns heimlicher Haupt»stadt«. Mit dieser Ausnahme: das Wappen. Es zeigt auf blauem Grund die stilisierte Abbildung einer Zierscheibe aus dem Thorsberger Moor.

Moor für sich behält. Vielleicht, daß die krächzenden Krähen die Antworten kennen - von Krähengeneration zu Krähengeneration weitergegeben. Jedoch die Menschen verstehen die Krähensprache nicht.

Viehauktion in der Angelnhalle

In der Zeitung hatte es gestanden: Am 7. April 1998 findet in der Angelnhalle zu Süderbrarup die 513.(!) Zuchtvieh-Absatzveranstaltung für Angler statt. Angerufen und nachgefragt. Die nette Dame am Telefon gab Bescheid: Selbstverständlich könne man auch als Nicht-Landwirt, als Nicht-Viehzüchter, eben nur so aus Interesse, die Auktion besuchen.

Auf nach Süderbrarup, zur Angelnhalle in der Angelnstraße. Weil der Stadtmensch frühzeitig kam, lernte er mittels Auktionskatalog und mancher Informationstafeln in der Halle die allernotwendigsten Grundbegriffe vor Versteigerungs-

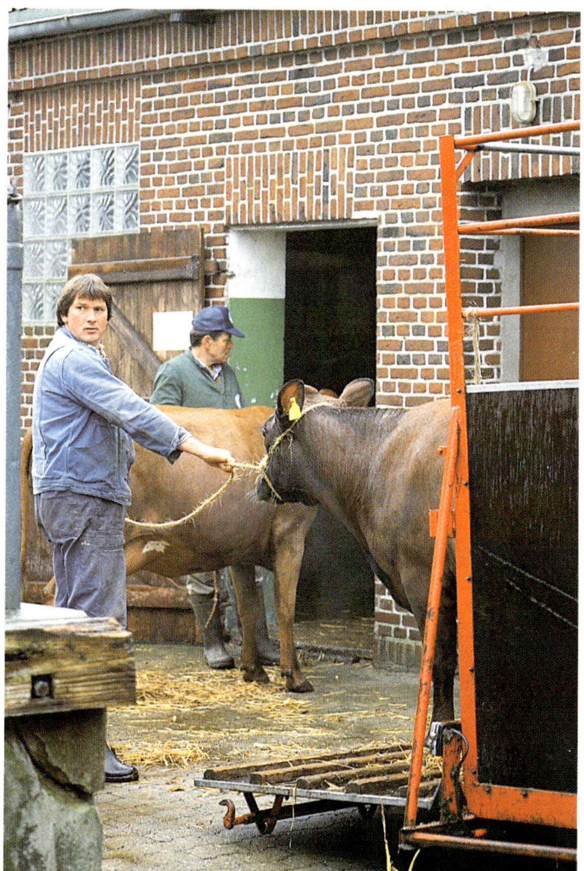

beginn. Angler, das ist jene – im Fell rotbraune – wirtschaftliche Rinderrasse, die Spitzenergebnisse der Zucht aufweist. Zum Beispiel in Milch kg je ha Futterfläche, Deckungsbeitrag pro Kuh und pro Hektar, Leichtkalbigkeit, Erstkalbealter, Fruchtbarkeit, Dauerleistung, Milch aus Grundfutter.

Wegen dieser Zuchterfolge sind Angler ein Exportschlager. Unübersehbar ist in der Angelnhalle in Großlettern zu lesen: *»Seit 1830 über 120.000 Angler Rinder exportiert.«* So weidet Angler Rindvieh zum Beispiel in der Ukraine, in Kasachstan, in Sibirien, in den baltischen Staaten, in Tansania, in Syrien.

12.30 Uhr. Der Auktionator hat sein Pult betreten, begrüßt, eröffnet, läßt die erste Kuh in den Vorführring bringen. 1500 Mark Aufrufpreis ... bei 1600 Mark der Zuschlag.

Erstaunlich, mit welcher Sprechgeschwindigkeit der Auktionator die Gebotssummen nennen kann, dabei noch Atemluft hat für Zwischenbemerkungen und erklärende Hinweise. Noch erstaunlicher, mit welcher Schnelligkeit und Sicherheit er jedes Gebot - links, rechts, vorne - registriert. Geboten wird durch einmaliges kurz-knappes Hochheben des Versteigerungskatalogs. Gästen, die mit den Gepflogenheiten nicht vertraut sind, sei also geraten, nicht den Katalog versehentlich zum falschen Zeitpunkt hochzuhalten. Man könnte sonst unversehens zum Eigentümer eines Angler Rindes zum Zuschlagspreis von - zum Beispiel - 1850 Mark werden. Zu bezahlen wäre zusätzlich die Kommissionsabgabe von 6 % für

Auktion in Süderbrarup:
Nicht stillzukriegen, dieses Rindvieh

Inzwischen liefern die potentiellen Verkäufer ihr Vieh an: Färsen, Kühe, Bullen. In den Ställen der Angelnhalle aufgereiht, werden die Tiere nochmals etwas nachgeputzt, mit den Versteigerungsnummern versehen, von Offiziellen begutachtet und von Interessenten vorab in Augenschein genommen.

Die auf drei Seiten in der Halle ansteigend angeordneten schlichten Sitzplatzränge - von jedem Platz ungehinderte Sicht auf den Vorführring - füllen sich: Käufer und Verkäufer, Landwirte und Züchter, Männer und Frauen, Jugendliche, auch Kinder. Insider der Viehzuchtszene allesamt, sachverständig, interessiert, gespannt.

Bullen bzw. 3 % für weibliche Tiere. Und darauf dann noch die gesetzliche Mehrwertsteuer.

Kühe und Färsen wurden heute nicht sämtlich verkauft. Sei es, daß kein Gebot erfolgte, sei es, daß der Verkäufer den gebotenen Preis als zu niedrig ansah und nicht zustimmte. Tiere, die im ersten Durchgang nicht verkauft wurden, werden zum Schluß in einer zweiten Vorstellungsrunde nochmals aufgerufen.

Bei den Bullen war das Kaufinteresse groß, kleine »Bieterschlachten« die Folge. Den Spitzenpreis von 3800 Mark erzielte Peter Hinrichsen aus Rüllschau für seinen Bullen »Workan«.

Mit Ausnahme der Monate Mai, Juni und Juli findet in der Angelnhalle monatlich eine Viehauktion statt. Die Termine lassen sich erfragen: Tel. 04641-933221.

Angler Rindvieh

»Unter den Rindviehracen tritt namentlich die ergiebige Angler Milchviehrace durch manche Eigenthümlichkeit hervor.«

(Aus: »Topographie des Herzogthums Schleswig« von Johannes von Schröder, 2. Auflage 1854)

Kaiserlicher Bahnhof

Reisende haben es zumeist eilig, besitzen deshalb nicht die Muße, ein Bahnhofsgebäude gründlicher zu betrachten. Gelegentlich ist das schade.

In Süderbrarup nämlich ist der Bahnhof architektonischer Repräsentant einer Epoche: der letzten Kaiserzeit. Gebaut 1881, zeigt sich der Bahnhof als typischer Vertreter für den damaligen Stil öffentlicher Bauten, Abteilung Königlich Preußische Eisenbahnverwaltung. Urteil: Die kaiserlichen Bahn-Baumeister ließen sehr gediegen, sehr dauerhaft und dabei doch ansprechend und formschön bauen. Das gilt für die Gesamtheit des in gelbem Backstein errichteten Gebäudes wie fürs Detail.

Bahnhof Süderbrarup blieb im wesentlichen gut erhalten, wurde nicht durch »moderne« Baumaßnahmen total »verschlimmbessert«, sprich: völlig entstellt.

Auf den Gleisen davor fahren Züge wie zu Kaisers Zeiten. Allerdings sind es keine dampffauchenden Lokomotiven, sondern schlichte Triebwagen.

Die Kirche und die Jungfrauen

Norderbrarup liegt nur zwei Kilometer nördlich von Süderbrarup, ist aber eine eigene Gemeinde, in kommunaler wie kirchlicher Hinsicht. Worauf die Norderbraruper Wert legen. »*Wir gehören zwar zur Amtsverwaltung, nicht aber zur Gemeinde Süderbrarup*«, erklärte eine Norderbraruperin mit Nachdruck.

In Ordnung, wir haben verstanden. Schließlich ist Norderbrarup schon seit »ewigen« Zeiten eigenständig. Die schöne Dorfkirche, ein Granitquaderbau, stammt in ihrem Ursprung aus romanischer Zeit. Der Sage nach soll sie – so berichtet es Oldekop – einst von drei Jungfrauen erbaut worden sein, denen der Weg nach Struxdorf zu weit gewesen ist. Man beachte: von Struxdorf, nicht von Süderbrarup ist sagenhaft die Rede.

Kirche und Kirchhof Norderbrarup werden rundum von Reihen prächtiger Linden eingerahmt. Der hölzerne Glockenturm, separat neben dem Gotteshaus stehend, stammt aus dem Mittelalter.

Uralt-Buche

Der Heidberg, nördlich von Süderbrarup gelegen, ist Naturschutzgebiet. Eines der kleinsten überhaupt, auch eines der interessantesten. Ein etwa 300 Meter hoher, langer Wallberg ist es, der sich für hiesige Verhältnisse auf beiden Seiten ziemlich steil geschätzte 5 bis 6 Meter aus dem Gelände erhebt. Die obere Breite dieses langgestreckten Wallberges dürfte um die 10 Meter betragen.

Ein landschaftlich etwas eigenartiges Gebilde also, das aber schöne Ausblicke in die angrenzende Aulandschaft ermöglicht. Einschlägig Interessierte erfreuen sich an jeder Menge botanischer Besonderheiten und Kostbarkeiten.

Der auffallendste Baum auf dem Heidberg ist eine noch immer vital grünende Uralt-Buche, ein Veteran mit teils ausgehöhltem Stamm.

Drült - feiner Klassizismus

Gut Drült - zur Gemeinde Stoltebüll gehörend - liegt an der Straße zwischen Wittkiel und Schörderup. Das heißt, nicht direkt daran. Etwa auf halber Strecke geht eine kurze Stichstraße ab, eine typische, als Naturdenkmal eingetragene Gutsallee mit etwa 100jährigen Linden.

Von dieser Lindenallee aus hat man einen umfassenden Blick auf die gesamte Hofanlage. Das zur Hofseite weiße Herrenhaus, auf leicht ansteigendem Gelände etwas erhöht stehend, datiert aus 1806. Und ist reiner, feiner Klassizismus. Der dänische Architekt Axel Bundsen hat im Ebenmaß klassischer Linien einerseits ein schlichtes, andererseits ein beeindruckend herrschaftliches Gutswohnhaus geschaffen. Im Mittelteil tragen vier Rundsäulen ein kleines, vorspringendes Obergeschoß. Die hohen Sprossenfenster sind gepflegte, bewahrte Originale aus der Bauzeit. Eigentümer Cai-Asmus von Rumohr-Drült achtet mit Kennerschaft und sicherem Empfinden penibel darauf, daß möglichst alles stilgerecht und weitgehend im Original erhalten wird. So wurden - ein Beispiel - breite Altersrisse im noch immer ursprünglichen Dielenfußboden der Eingangshalle sorgsam mit passendem, altem Holzmaterial ausgebessert. Und nicht etwa der ganze Holzfußboden modern erneuert. Lockere Fugen zwischen den Backsteinen des Außenmauerwerks ließ der Eigentümer - der Bauzeit des Hauses von 1806 entsprechend - mit Mörtel ausbessern. Ohne Zement! Es gibt auf Drült viele weitere Beispiele überlegter, materialgerechter Stilwahrung - bis hin zu Türklinken und Türschlüsseln.

Das Verwalterhaus und vor allem die große Reetdachscheune von 1801, in den Jahren 1988-1992 saniert, komplettieren eindrucksvoll das unter Denkmalschutz stehende Hofensemble.

»Knick«

Gut Drült ist urkundlich seit 1397 belegt. Bereits seit mehr als 400 Jahren gehört es der Familie von Rumohr, seit 200 Jahren der Linie von Rumohr-Drült. Heutiger Eigentümer ist der Land- und Forstwirt Cai-Asmus von Rumohr-Drült, der das Herrenhaus mit Familie bewohnt und den etwa 300 Hektar umfassenden Gutsbetrieb bewirtschaftet. Ungefähr die Hälfte der Gutsfläche ist Wald.

Das bewohnte Herrenhaus ist für Fremde zur Besichtigung in der Regel verständlicherweise nicht ohne weiteres zugänglich. Aber für wirklich Interessierte macht der Eigentümer nach rechtzeitiger Terminvereinbarung schon mal eine Ausnahme.

»Das Wort ›Knick‹ ist in Schleswig-Holstein bereits 1555 urkundlich erwähnt (Urk. Sammlung I, 362). Die Bezeichnung ›Knick‹, Mehrzahl ›Knicks‹, stammt von dem – heute nur noch selten zu beobachtenden – Abknicken der jungen Pflanzenschößlinge etwa eine Handbreit über dem Boden.«

(Aus: »Die Schleswig-Holsteinische Knicklandschaft« von Günther Marquardt. Schriften des Geographischen Instituts der Universität Kiel, Band XIII, Heft 3, 1950)

Knicklandschaft

Die Knicks prägen ganz wesentlich das Landschaftsbild, geben diesem das besondere Aussehen, ein eigenes »Gesicht«. Sie zeichnen die vielfältige Oberflächenstruktur des Geländes mit seinen Hängen, Wellen, Hügeln, Kuppen, Senken, Tälern und Ebenen betont nach, teilen das Land horizontal und vertikal. Knicks säumen Feldwege, begrenzen Äcker und Weideflächen. Ihr Grün läßt die relative Waldarmut Angelns vergessen. Blüten, Blätter und Früchte, die Herbstfärbung des Laubes, selbst der Rauhreif auf winterlichen Ästen schmücken das Land in unterschiedlichsten Farben im Wechsel der Jahreszeiten. Ohne Knicks – diese Landschaft wäre ärmer!

In einer wissenschaftlichen Veröffentlichung* hat Günther Marquardt 1950 ausgeführt:

»Angeln ist die klassische Knicklandschaft Schleswig-Holsteins. (...) In Angeln erfolgte eine sehr frühe Einkoppelung der Feldmarken. Reiche Niederschläge, fruchtbarer Grundmoränenboden, vorwiegender Kleinbesitz und geringes Waldareal begünstigten frühzeitig eine intensive Feldgraswirtschaft. In der Mitte des 18. Jahrhunderts ist Angeln zum Hauptknickgebiet unseres Landes geworden.«

Seither sind auch in Angeln erhebliche Knickkilometer verschwunden – durch Straßen- und

Wegebau, für Wohnungsbau und Gewerbeansiedlungen. Vor allem aber bedingt durch veränderte landwirtschaftliche Technik. Großmaschinen benötigen große Flächen. So gibt es auch hier einige Kleinregionen, die als (ziemlich) knickarm bezeichnet werden müssen. »Ausgeräumt«, wie jemand geschrieben hat.

Trotzdem, was erhalten blieb, erlaubt diese Feststellung: Angeln ist - alles in allem - noch immer eine schöne Knicklandschaft. Möge es so bleiben!

* »Die Schleswig-Holsteinische Knicklandschaft«, Schriften des Geographischen Instituts der Universität Kiel, Band XIII, Heft 3, 1950

Dorfspaziergang

Dorf Rügge, mitten in Angeln.

Das alte, weiß gestrichene, bestens gepflegte kleine Feuerwehrhäuschen spiegelt sich im Dorfteich. Vor einem Haus eine »Durchfahrt« wie sie früher typisch war für Krugwirtschaften. Aber einen Krug, eine Gastwirtschaft gibt es schon lange nicht mehr. Auch die einstige Schmiede, gleich daneben, hat längst den Betrieb eingestellt. Das einfache, einstöckige Gebäude mit den eisernen Sprossenfenstern, dem großen Eingangstor und dem hochragenden Schornstein ganz am Ende läßt die frühere Nutzung als Schmiedebetrieb deutlich erkennen. Links und rechts des Tores sind noch immer eiserne Ringe fest im Mauerwerk verankert. Hier wurden Pferde angebunden, die vom Schmied ein neues Hufeisen angepaßt bekamen.

Und dann die großen Dreiseithöfe. Typisch für Rügge! Diese Höfe mit ihren vor 90, 100, auch 150 Jahren errichteten, repräsentativen

Wohnhäusern, mit mehrgeschossigen, stattlichen Wirtschaftsgebäuden spiegeln Wohlhabenheit und auch ein wenig Stolz der Angeliter Bauern wider – der damaligen Zeit.

Landwirtschaft wird in Rügge weiterhin betrieben. Ausweislich gut bestellter Äcker, weidenden Rindviehs und auch ausweislich eines »richtigen« Dunghaufens vor der Rückseite des Stallgebäudes eines der großen Dreiseithöfe.

Auf einem Spaziergang durch Rügge ist einiges zu sehen und zu spüren vom Dorfleben früher und vom Dorfleben heute.

Den Weg nach Fraulund nicht versäumen. Von hier, auf hoher Kuppe der Moränenlandschaft, hat man einen wunderbaren Weitblick über »halb Angeln«.

Beschauliches Wandern

In manchen anderen Regionen – so sie denn zu den sogenannten touristischen Top-Adressen zählen – sind Wanderwege manches Mal derart stark frequentiert, daß vor lauter Menschen kaum noch Natur zu sehen ist.

Nicht so in Angeln. Hier läßt sich, wandernd oder spazierengehend, Landschaft ungestört, in aller Ruhe erleben.

Das hat Gründe: Es gibt zwischen Schlei und Förde – und das überall – erstaunlich viele markierte Wanderwege. Und außerdem eine Menge sonstiger nicht ausgeschilderter Wege zum Wandern. Es ist reichlich Platz im Land. Die Anzahl der Wanderer hält sich selbst zur Hauptsommerzeit in Grenzen.

Spektakuläre Großartigkeiten im modern-touristischen Sightseeing-Sinn sind auf Angeliter Wanderwegen nicht zu bewundern. Aber dieses: Von einer der vielen Kuppen im Land der weite Blick über die Knicklandschaft. Reifende Kornfelder im leichten Sommerwind. Der Schmetterling auf der Blüte der Flockenblume. Die natürliche Schönheit einer Distel. Kreisende Habichte über dem Bauernwald.

Erholung der ruhigen, der – im wahrsten Sinn – beschaulichen Art.

Niemals Leibeigene

In Niekammers landwirtschaftlichem Güter-Adreßbuch des Jahres 1927 wird, trotz der relativ bescheidenen Fläche von 62,5 Hektar, Brunsholm als »adeliges Gut« klassifiziert. Was richtig ist, bestand doch die Gebietskörperschaft »Gutsbezirk Brunsholm« bis zum Jahre 1928. Allerdings, einen adeligen Eigentümer gab es schon lange nicht mehr. Niekammer notiert 1927 einen F. Brix als Besitzer. Der Familie Brix gehörte Brunsholm zu dem Zeitpunkt bereits länger als 100 Jahre.

Selbstverständlich verzeichnet die lange Liste früherer Eigentümer auch Adelige. Zum Beispiel so bekannte Namen wie von Rumohr, von Buchwald, von Ahlefeld, von Reventlow. In frühester Zeit, so berichtet es Johannes von Schröder*, soll das einst viel größere Gut im Besitz der Familie Hoek gewesen sein. Anno 1292 wird ein Diedrich Hoek als Eigentümer genannt.

Das bedeutet, Gut Brunsholm hat ein respektables Alter von mindestens 700 Jahren. Und ist nach wie vor ein ebenso vitaler wie ansehnlicher Betrieb, Brunsholmhof genannt, zur Unterscheidung von Dorf Brunsholm. Auf hohem Gelände frei gelegen, geht der Blick von der Straße** über einen kleinen Gutsteich mit baumbestandener Mini-Insel, über den langgestreckten Hofplatz mit Rasenrondell hin zum 1768 errichteten Wohnhaus. Das zeigt sich mit weißverputzten Wänden, rotem Ziegeldach, einer kleinen Freitreppe, die zu einer sehr schönen Eingangstür mit rundbogigem Oberlicht führt, mit je drei Sprossenfenstern links und rechts sowie mit zwei schmalen, hohen Fenstern, direkt neben dem Eingang. Ein ansprechendes, gut anzusehendes Gebäude, ganz ohne Frage. Nur der Begriff »Herrenhaus«, wie sonst für Güter doch üblich, will einem dafür nicht so recht in den Sinn kommen. Dazu

Gutshof Brunsholm

wirkt dieses gepflegte Gutswohnhaus – bei allem architektonischen Ebenmaß – ein wenig zu bescheiden.

Mag sein, daß Bescheidenheit überhaupt ein Merkmal von Brunsholmhof ist. Dazu paßt diese Meldung: Die »Untergehörigen« dieses Gutes waren zu keiner Zeit Leibeigene – sehr ungewöhnlich für adelige Gutsherrenschaften.

* »Topographie des Herzogthums Schleswig«, 2. Auflage 1854

** Brunsholmhof liegt an der Landstraße 252, etwa auf halber Strecke zwischen Norderbrarup und Niesgrau

Dachreitertürmchen

Im Jahre 1876 hat sich die politische Gemeinde einen neuen Namen gegeben: Statt bisher Töstrup nunmehr Oersberg. Die Kirche aber heißt nach wie vor Töstrup. Nun ja, bis zum Dorf Oersberg sind es ohnehin ein paar hundert Meter.

Töstrup-Kirche, mit weißen Wänden und dunklem Dach, steht auf einem Hügel ohne Dorf in der Landschaft. Nur in Gemeinschaft von Pastorat, Gastwirtschaftsgebäude, vier weiteren Häusern.

Einen Kirchturm hatte das aus romanischer Zeit stammende, später umgebaute Gotteshaus nicht. So war es, zumindest für Fremde, auf den ersten Blick nicht unbedingt als Kirche zu erkennen. Das gefiel den Kirchengemeindemitgliedern vermutlich nicht. Sie sannen auf Abhilfe. Zu einem großen, mächtigen Kirchturm reichte es nicht. Der hätte auch kaum zu dem Kirchlein gepaßt. Die Töstrup-Oersberger wußten sich zu helfen. Sie ließen anno 1887 ein spitzes Dachreitertürmchen auf das Kirchdach setzen. So kann seither kein Zweifel mehr sein: Hier steht ein Gotteshaus. Unverwechselbar ist es obendrein – dank des hochragenden, neo-gotischen Türmchens.

Die Kirchenglocke? Die hängt im separat danebenstehenden hölzernen Glockenhaus. Das soll in einigen Teilen mehr als 500 Jahre alt sein.

Kleinigkeiten (?)

Natur ist schön. Bereitet Freude. Wirkt als Balsam für gestreßte Nerven. Monumentales ist nicht vonnöten. Die »Kleinigkeiten« sind's: Ein paar Kornblumen neben Weizenähren am Feldrand. Das kunstvolle Netz der Spinne im Gegenlicht. Die Trichterblüten der Winde im Knick. Puschelige Fruchtstände der Distel. Die Blüte und die leuchtendrote Frucht der Heckenrose.

Angeln ist ein Paradies solcher Natur-Kleinigkeiten. Überall.

Angler Sattelschwein

In der »Landwirtschaftlichen Rundschau für Angeln«, Ausgabe März/April 1942, war zu lesen: *»H. Frahm, Norderbrarup, gehört zu den ersten neun Gründern des Vereins der Sattelschweinzüchter, die am 5.12.1929 mit der Organisation begannen und heute die stattliche Zahl von rund 350 Mitgliedern umfaßt.«* Im »Landwirtschaftlichen Adreßbuch Schleswig-Holstein«, Ausgabe 1950, ist notiert: *»Ab 1947 erfolgte wiederum ein systematischer Aufbau der Schweinehaltung. Im Lande bestehen drei Zuchtrichtungen, das Angler Sattelschwein mit Angeln als Hauptzuchtgebiet (...). Verband der Züchter des Angler Sattelschweines e.V., Süderbrarup (Angeln), Fernruf 375. Vorsitzender: Heinrich Frahm, Norderbrarup.«*

40 Jahre später, um 1990, war die Zucht fast völlig zum Erliegen gekommen. Andere Schweinerassen hatten sich auch in Angeln durchgesetzt. Der besseren Erträge wegen, wie es ein Landwirt begründete. Eine traditionelle regionaltypische Angelner Schweinerasse, ein altes landwirtschaftliches Kulturgut drohte endgültig auszusterben, in Vergessenheit zu geraten.

Das wollten einige engagierte, heimatverbundene Züchter verhindern. 1992 konnten in Sachsen (!) 50 Sauen und 4 Eber dieser Rasse erworben werden, die dort zu DDR-Zeiten als Gen-Reserve gehalten wurden. Sie dienten als Grundlage für den hiesigen Neubeginn der Sattelschweinzucht, -vermehrung und -mast. Anfang des Jahres 1996 hat sich der »Förderverein Angler Sattelschwein e.V.« gegründet: *»Aus Verantwortung gegenüber der Natur und unserer Zukunft wollen wir eine weitere Verarmung der genetischen Vielfalt verhindern.«*

»Außerdem«, so formuliert es der Verein, *»hat das Angler Sattelschwein eine sehr gute Fleischqualität, eignet sich für naturnahe Haltungs-*

formen wie Weidehaltung und ist in der Lage, viele und gesunde Ferkel aufzuziehen.«

Die Vereinsziele:
- Unterstützung der Zuchtarbeit,
- Aufmerksamkeit für ein altes Kulturgut wecken,
- Konzepte für regionale Vermarktung anregen.

Die Sache macht sich. Vereinsvorsitzender Detlef Richelsen aus Ausacker nicht ohne Stolz: *»Von unseren rund 50 Mitgliedern sind etwa $^1/_3$ Schweinehalter und auch -züchter mit insgesamt etwa 60–70 zur Herdbuchzucht zugelassenen Zuchtsauen.«* Der Wiederaufbau der Herdbuchzucht für das Angler Sattelschwein ist ein großer Erfolg.

Schlußsatz aus dem Informationsblatt des »Fördervereins Angler Sattelschwein e.V.«: *»Erst das Interesse an veränderten Haltungs- und Vermarktungsmethoden in der Landwirtschaft und die Besinnung auf die gute Fleischqualität eröffnen dem Angler Sattelschwein heute wieder neue Überlebenschancen.«*

Herrenhaus der feinen Art

Herrenhaus Toestorf - in der Gemeinde Oersberg gelegen - hat Flair. Dabei war es schon einmal, so berichten Nachbarn, »ziemlich heruntergekommen«. Dann ließ es Hans Stahl stilgerecht und mit Liebe zum historischen Detail renovieren.

Erster Bauherr war Friedrich von Rumohr. In nur drei Jahren - 1765 bis 1768 - haben Baumeister Tobias Wendler und der Stukkateur Buchendahl dieses Barockgebäude errichtet.

Die Freitreppe mit dem rundbogigen Portal, die hohen, weißgerahmten, 10fach unterteilten Sprossenfenster in dem unverputzten roten Backsteinmauerwerk, das gegliederte Mittelteil des Hauses mit weiß abgesetzten Kanten und das Mansarddach vereinigen sich zu einer ebenso formschönen wie ausdrucksvollen Architektur.

Die Geschichte des ehemaligen Gutes Toestorf beginnt lange vor dem Bau dieses Herrenhauses. Es soll entstanden sein aus dem im 15. Jahrhundert niedergelegten, zu der Zeit aus acht Hufen bestehenden Dorf Töstrup. Anfangs war Gut Toestorf wohl Meierhof des Gutes Roest, auch Witwensitz. Zwischen Roest und Toestorf - damals beide im Besitz der Familie von Rumohr - soll ein unterirdischer Gang bestanden haben.

In der langen Reihe der Eigentümer von Toestorf stehen neben den Rumohrs Namen wie Johann Pape, Landinspektor Otte, Cordes, Georg Friedrich Bluhme, C.D. Birck, A.H.B. Vogel, Brix.

Heute finden im Herrenhaus Toestorf dreimal im Jahr Antik-Auktionen statt - u.a. für Möbel, Gemälde, Porzellan. Dazu und zur zeitlich begrenzten Vorbesichtigung des Auktionsangebotes sind Kunden, Gäste, aber auch Freunde denkmalgeschützter Herrenhäuser willkommen.

Leuchtturm Falshöft

Leuchttürme gehören zur Küste. Für die Sport-, erst recht für die Berufsschiffahrt sind sie unerläßliche Orientierungshilfen. Für Nicht-Seeleute, vor allem für Gäste aus küstenfernen Gebieten, gehören sie zu den bevorzugt besichtigten Motiven. Leuchttürme sind die maritimsten aller Gebäude und Bauwerke an Land.

Beispiel: Leuchtturm Falshöft. Das ist ein kegelstumpfförmiger, über Gelände 24,4 Meter hoher roter Turm mit zwei weißen Bändern. Also in allerschönster Leuchtturmart außen rot-weiß. Der Turmmantel bestehe aus miteinander verschraubten Gußeisenplatten. Baujahr war 1910. Die Lage: 54°46' N; 9°58' O, gleich hinter dem Deich.

Leuchtturm Falshöft ist ein Leit- und Orientierungsfeuer mit Farbsektoren in unterbrochener Kennung weiß/rot. Die Feuerhöhe über NN beträgt 25 Meter*. Ausgestattet ist der Turm mit 210 cm bzw. 100 cm hohen Gürtelleuchten. Die Nenntragweite (die Reichweite) weiß beträgt 16 Seemeilen, das sind 29,63 Kilometer. Einen Leuchtturmwärter gibt es auch in Falshöft nicht mehr. Steuerung und Überwachung erfolgen durch die Verkehrszentrale Travemünde.

* Alle angeführten Daten zum Leuchtfeuer Falshöft stellte auf Anfrage die Wasser- und Schiffahrtsdirektion Nord in Kiel postwendend zur Verfügung. Autor, Verlag und Leser sagen: Vielen Dank.

Ein Schmuckstück

Gut Ohrfeld liegt in reizender Gegend nahe dem Ohrfelder Haff, berichtete 1854 Johannes von Schröder in seiner »Topographie«. Daran hat sich nichts geändert. Der weite Blick vom Gutshof über den großen, langgestreckten Acker – das Ohrfeld – hinunter bis zur Ostsee, bis zum Ohrfeldhaff, ist bezaubernd schön.

Das Herrenhaus mit seinen Zinnen im Mittelteil, dem Uhr- und Aussichtsturm, den geweißten Wänden und dunklem Pfannendach, mit den stilgerechten Sprossenfenstern hat etwas Märchenhaftes. Der reiche Blumenschmuck auf dem Gutshofgelände, die Rosenstöcke vor Scheunen und Ställen vervollständigen den malerischen Gesamteindruck.

Wer auf der nahen B 199, der Nordstraße, im Auto vorbeifährt, ahnt meist nicht, welches Schmuckstück sich hinter den an dieser Seite abschirmenden Hecken und Bäumen verbirgt.

»Netthaben«

Angeln ist sauber und gepflegt. Man hält auf Reinlichkeit. Die ist von natürlicher Art, ohne Übertreibungen. Sauber: ja, klinisch rein: nein. Daß die Häuser, die Gärten, die Hofplätze, Straßen und Wege, Äcker und Weiden sauber gehalten werden, ordentlich gepflegt sind, ist hier eine von alters her praktizierte Selbstverständlichkeit. Das gehört sich so. Irgendein Aufheben wird davon nicht gemacht. *»Man hat es doch gern ein wenig nett«*, sagen die Angeliter. »Netthaben«, dazu gehört unbedingt sauber, ordentlich und gepflegt.

Häuser – typisch Angeln!

Die neuen, modernen Einfamilienhäuser, die in den letzten 35 Jahren in (fast) allen Ortschaften Angelns errichtet wurden, sehen aus, wie sie überall aussehen. Schmuck zumeist und stets zweckmäßig. In irgendeiner Weise landschaftstypisch sind sie nicht.

Anders die älteren Bauten. Die sind zwar – je nach Alter, (ehemaliger) Funktion und auch Baustil und Baumaterial – sehr unterschiedlich in ihrem Aussehen, doch unverwechselbar »typisch Angeln«.

Diese »Angeliter Häuser«, ob reet-, ziegel- oder schiefergedeckt, ob Fachwerk- oder reiner Ziegelbau, ob Granitquadersockel oder nicht, ob bäuerlicher Dreiseithof, »kleinstädtisches« Geschäftshaus, kleine Kate oder Wohnhaus der erkennbaren Wohlhabenheit, ob roter oder gelber Backstein, ob weiß getüncht, prägen noch immer das Bild vieler kleinerer und größerer Ortschaften und Häusergruppen.

Das umso mehr, als viele alte und sehr alte Bauten inzwischen restauriert und renoviert wurden. Die »Abriß- und Umstoßzeiten« der 50er und frühen 60er Jahre sind, so scheint es, endgültig vorbei. Zudem spricht sich flächendeckend herum, daß zu einem historischen Reetdachhaus selbst mit Wohlwollen keine ungeteilten großen Panoramafenster passen.

Fazit: Die typische, ausgewogen-formschöne Architektur der älteren Bauten ist ein wesentlicher Teil der Kultur und der Identität der Landschaft Angeln.

Ehrenrettung für Neubauten: Viele von ihnen können sich neben den Gebäuden »von früher« sehr wohl gut sehen lassen.

Gelting – mal lebhaft, mal verträumt

Landesregierungsamtlich ist Gelting als »Ländlicher Zentralort« eingestuft. Die 1.962-Einwohner-Gemeinde im östlichen Angeln ist außerdem »Ostsee-Kneipp- und Luftkurort«, Einkaufs- und Kulturzentrum der zugehörigen Region und hat überhaupt alles, was der Mensch so benötigt: Apotheke und Ärzte, Schulen und Bücherei, Amts- und Gemeindeverwaltung, zwei Bootshäfen (in Wackerballig und bei Gelting-Mole), Campingplätze, Touristen-Information nebst Zimmervermittlung, Fahrradverleih, Autowerkstätten und Tankstellen, Kegelbahn und Polizei. Selbstverständlich auch Sparkasse und Banken, Kunst-Galerien, Hotels, Gasthöfe, Ferienhäuser und -wohnungen, Restaurants und Cafés. Zudem eine altehrwürdige St. Katharinenkirche für die Evangelischen und die Kapelle im Geltinger Schloß für die Katholischen. Die Ostsee ist nahe, die Umgebung im Land »feinstes Angeln«.

Für den Urlaub, hat Bürgermeister Uwe Linde gesagt, könne man keine bessere Wahl als Gelting treffen.

Veranstaltungen für Einheimische und Gäste gibt es auch: Naturkundliche Führungen, Maifeier, Shanty-Chor-Treffen (mit dem Geltinger Shanty-Chor!), »Geltinger Tage«, »Sommerliche Musiktage«, Karpfenfest im Bürgerpark mit Abfischen des Teiches, Geltinger Weihnachtsmarkt, Kinderfeste, Familienveranstaltungen, Auftritte des Geltinger Männerchores.

Aus all dem folgt: Gelting ist ein putzmunterer kleiner Ort.

Nicht immer: Sonntagmorgen um 7.00 Uhr schläft Gelting. Niemand, wirklich niemand ist zu sehen. Das ist dann das verträumte Gelting. Von der Kirche schlägt die Uhr die volle Stun-

Gelting 1905

»Gelting, Dorf und Gut, unweit der Geltinger Bucht (...), 162 Einwohner, Postanstalt, Telegraphenanstalt, Ortsfernsprechnetz, Eisenbahnstation (Kleinbahn Flensburg - Kappeln), ev. Pfarrkirche«.

(Aus: »Neumanns Orts- und Verkehrs-Lexikon des Deutschen Reichs«, 1905)

de. Dann herrscht wieder Morgenstille. Nur die Spatzen in den Vorgärten palavern. Ein Entenpärchen wackelt über die Straße. Irgendwo kräht ein Hahn. Die Wassertretanlage nach Sebastian Kneipp im Bürgerpark ist noch verwaist. Auf dem Rasen davor läßt sich ein Hase beim Morgenfrühstück nicht stören.

Schöne Hausfassaden glänzen im Licht der Morgensonne. Am Gedenkstein vor der Kirche läßt sich ungestört nachlesen:

»Zur Erinnerung an die 100jährige Feier der durch Rudolf Freiherrn von Gelting am 1. Mai 1789 erfolgten Aufhebung der Leibeigenschaft.

Von den Gutseingesessenen errichtet 25. Juli 1889«.

Gelting - so und so, heute und gestern.

Grüße aus Batavia

Die Geschichte »Vom Tellerwäscher zum Millionär« spielt bekanntlich in den USA, dem Land der angeblich unbegrenzten Möglichkeiten. Ähnlich wundersame Aufstiege passieren auch woanders. Zum Beispiel im geographischen Dreieck: Nordfriesland – Batavia – Gelting.

Der Reihe nach:

Der Bauernsohn Seneca Inggersen (auch: Sönke Ingwersen), vom Ingerhof bei Langenhorn in Nordfriesland, trat in die Dienste der holländischen Ostindien-Compagnie. Durch Tüchtigkeit und wohl auch durch die Gunst der Zeit brachte er es bis zum Residenten von Batavia. Und zu erheblichem Reichtum.

Batavia für immer war's dann doch nicht. Seneca Inggersen kehrte nach Schleswig-Holstein zurück und erwarb 1757 das Gut Gelting. Ein so angesehener Mann (als Ministerresident war er in Batavia immerhin zweithöchster königlicher Beamter gleich nach dem Gouverneur gewesen), der zudem sehr, sehr reich und nunmehr im Besitz eines der ganz großen Güter der Landschaft war, konnte selbstredend nicht länger schlichter Bürgerlicher bleiben. Der dänische König erhob ihn 1758 zum Baron von Gelting, Kaiser Joseph II. später noch in den Reichs-

freiherrenstand. Der Baron von Gelting (ex: Seneca Inggersen) ließ den Haupthof restaurieren und renovieren und in jeder Weise verschönern. Der Mittelbau des Herrenhauses, vielfach Schloß genannt, wurde unter Nutzung alter Bauteile ab 1770 errichtet. Die Fassade wird noch heute beherrscht von übergroßen, dicht beieinander stehenden Schiebefenstern nach holländischer Manier. Batavia und die niederländische Ostindien-Compagnie lassen grüßen. Auch den schöngeistigen Dingen war der erste Baron von Gelting zugetan. Er ließ auf dem Gutsgelände ein Komödienhaus, ein Schauspielhaus errichten.

Sein Sohn Christian Rudolf, als Erbe und Eigentümer von Gut Gelting, ist ebenfalls unvergessen. 1789 hob er freiwillig die Leibeigenschaft auf. Christian Rudolf starb kinderlos. Das Gut fiel im Erbwege an seinen Neffen, Levin Ludwig von Hobe.

Im Besitz der Familie Baron von Hobe-Gelting ist das Gut bis heute geblieben.

Gut Gelting (oben das Herrenhaus, rechts ein Detail des Torhauses) und der Gedenkstein für die Aufhebung der Leibeigenschaft (links)

Brückenspaziergang

Weil die Ostsee im nahen Uferbereich von Wackerballig zu flach ist, mußten die Stege des Yachthafens eine Strecke weiter draußen in der Geltinger Bucht angelegt werden. Zu erreichen nur zu Fuß über eine lange Brükke. Vor und nach dem Segeltörn ist also stets ein Brückenspaziergang angesagt. Der Beliebtheit des Bootshafens Wackerballig tut das keinerlei Abbruch. Der uriggemütlichen Atmosphäre dieser - zur Gemeinde Gelting gehörenden - kleinen Siedlung am Wasser schon gar nicht.

Charlotte

Sie ist hochbetagt und sieht trotzdem noch immer prächtig aus. Ihr Geheimnis: sie ließ sich »liften«.

Im Klartext: Charlotte ist eine Windmühle, sie heißt wirklich so. Gebaut wurde sie 1826 und steht somit im 173. Jahr ihrer Existenz. Ihr jugendfrisches Aussehen verdankt sie stilgerechter Renovierung und liebevoller Pflege.

Charlotte, Windmühle vom Typ Erdholländer, vollständig reetgedeckt, steht binnenseitig am Deich des Geltinger Noores, gleich hinter der Zwei-Häuser-Siedlung Goldhöftberg, am Beginn des Fußwanderweges zur Geltinger Birk. Die hochragenden Mühlenflügel und die weißleuchtende Windrose sind erhalten.

Ein Aushang vor der Mühle informiert: Bauherr war der Besitzer des Gutes Gelting, Rittmeister von Hobe. Der hatte zwei Jahre zuvor - 1824 - den Deich herstellen lassen und damit einen Teil des Noores (ziemlich) trockengelegt. Da das neugewonnene Land sehr tief liegt, zum Teil unter NN, mußte es »künstlich« entwässert werden. Dem Zweck diente Charlotte, die Schöpfmühle.

Zusätzlich erhielt die Mühle ein Kornmahlwerk, wurde damit zur kombinierten Entwässerungs- und Kornmühle.

Die Baukosten für Charlotte - so ist vor Ort zu lesen - sollen 9723 Reichstaler betragen haben, finanziert über eine Anleihe. Der Name Charlotte bezieht sich vermutlich auf Frau Oberstallmeisterin Charlotte von Plessen, geborene Herzogin von Mecklenburg. Die Dame ist - laut Aushang - 1822 auf Gut Gelting gestorben.

Mühlentechnisch arbeiten muß Charlotte nicht mehr, weder zur Kornvermahlung noch zur Entwässerung. Was besonders den Staren gefällt, die unter der Mühlenkappe Starenwohnungen der

Luxusklasse bezogen haben. Auf den Mühlenflügeln sitzend, halten sie Ausschau über Noor und Wiesenland und palavern nach Starenart.

Auf der Birk

Grauganselternpaare führen ihre Jungen aus, Brandgänse vertragen sich auf den Außenstränden mit Kormoranen und den verschiedensten Wildentenarten, Strandläufer picken eifrig am seichten Uferrand, Möwen und Seeschwalben vollführen Flugkunststücke. Grasnelken blühen in Einzelpulks hier, großflächig dort. Der Himmel leuchtet blau. Es ist - obgleich erst Mitte Mai - frühsommerlich warm. Ein sanfter Seewind fächelt angenehm kühlend. Ringsum Natur in Ruhe und Frieden, weit und breit kein Straßenverkehr, kein »Zivilisationsgetümmel«, nur ein paar Spaziergänger, Wanderer, Radfahrer auf dem schmalen Weg.

Geltinger Birk: eine Landschaft zum Natur-Genießen. Oder wie NABU, der Naturschutzbund Deutschland, in einem Info-Blättchen formulierte: *»Das Naturschutzgebiet ist nicht nur ein kleines Paradies für Pflanzen und Tiere, sondern auch für den erholungssuchenden Menschen.«*

Ausgangs der Flensburger Förde grenzt diese Halbinsel die Innenförde von der offenen See

ab. Das Naturschutzgebiet besteht aus Wasserflächen der Förde und der See, Dünen, ehemaligen Strandwällen, sand- und geröllbedeckten Außenstränden, kleinen Nehrungshaken, verlandeten Schilfsümpfen, Salzwiesen, dem Geltinger Noor, kleinen Eichenkratts, einer Seegraswiese.

Diese Küsten- und Uferlandschaft ist von geradezu unübertroffener Vielgestaltigkeit, für den spazierengehenden Naturfreund vom Wanderweg nach beiden Seiten gut einsehbar. Fernglas ist hilfreich.

170 verschiedene Vogelarten hat NABU im Laufe eines Jahres beobachtet, darunter 77 Brutvogelarten, wie zum Beispiel Graugans, Knäkente, Mittelsäger, Tüpfelsumpfhuhn, Küsten-, Zwerg- und Brandseeschwalbe, Rotschenkel, Sprosser, Braunkehlchen. Hochbetrieb herrscht auf der Birk während des Vogelzuges mit rastenden und überwinternden Vögeln. Und vor und während der Brutzeit, vor allem im April, geht es hier erst recht lebhaft zu: Enten- und Gänsemänner sind auf Frauensuche, verteidigen die Partnerin gegen begehrliche Nebenbuhler, widmen sich – wenn die Dame dann geneigt ist – der Vogelliebe. Paarweise werden Rundenflüge durchgeführt. Das alles mit lauter Stimme in Enten- und Gänsesprachen.

Wer zum prallen Leben der Vogelwelt fachkundige Hinweise wünscht, kann sich von April bis Oktober einer Führung des Naturschutzwartes anschließen. Beginn mittwochs und sonnabends um 10.00 Uhr, sonntags 14.30 Uhr. Treffpunkt ist an der Naturschutzwärterhütte auf der Birk.

»Gelting-Syd« fährt nicht mehr

1965 war es eine Attraktion und ein unternehmerisches Wagnis zugleich: einen Fährhafen ein paar Kilometer nördlich von Gelting buchstäblich »auf der grünen Wiese« zu errichten. Geltingmole entstand und damit die Fährverbindung nach Fåborg auf der dänischen Insel Fünen.

Seither wurden in 33 Jahren in Tausenden zweistündiger Überfahrten Millionen von Fahrzeugen und noch mehr Passagiere befördert. Die weiß-roten Fährschiffe, zuletzt »Gelting Syd«, gehörten zum vertrauten Ostseebild auf der Geltinger Bucht und in der dänischen »Südsee«.

Rentabel war der Fährverkehr nicht zuletzt dank »Tax free«, auch als »Duty free« bezeichnet. Der wurde in erheblichem Umfang auch von Busgruppen genutzt, bekannt unter dem Begriff »Butterfahrten«.

Seit dem 30. Juni 1999 ist damit Schluß. Die Eurobürokraten haben »Duty free« im Verkehr zwischen EU-Staaten verboten. Der zollfreie Einkauf im Fährverkehr zwischen Angeln und Fünen ist damit Vergangenheit. Und diese beliebte Fährlinie auch. Sie rechnet sich nicht mehr.

Vorstehend ein Erinnerungsfoto: die »Gelting-Syd« am Anleger von Geltingmole.

Waldblüten im April

Er gehört zum Typ Angeliter Bauernwald, ist etwa 7 Hektar groß, heißt kartenamtlich Gintoftholz, liegt nördlich von Gintoft und südlich von Habernis. Die Straße, Mittweg genannt, teilt den Wald in einen größeren östlichen und einen kleineren westlichen Teil.

Gintoftholz, westlicher Teil, ist im späten April für Wildblumenfreunde ein Geheimtip. Noch sind die Bäume nicht belaubt. Diese »Zeit des Lichts« nutzt die Bodenvegetation des Waldes zu ihrem großen Auftritt: Buschwindröschen, die weißen, bedecken größere Flächen. Dazwischen Inseln des selteneren Gelben Buschwindröschens, botanisch »*Anemone ranunculoides*«. Auf langen Stielen blühen kleine Pulks der gelben Schlüsselblume. Blau leuchten aus dunkelgrünem Blatt Veilchenblüten. Und dort, unverkennbar, die Blüte einer Orchidee, ein Knabenkraut mit gefleckten Blättern. Laut Wildblumenbestimmungsbüchern haben diese Knabenkrautorchideen erst ab Mai zu blühen. Aber das gilt offensichtlich nicht für Gintoftholz-Orchideen, unten am Waldrand, dort, wo das Gelände Auwaldcharakter hat. Präzise: Heute ist der 20. April.

Alle diese Blumen waren vom schmalen Wanderpfad aus gut zu sehen, zu fotografieren. Naturfreunde und andere vernünftige Menschen trampeln ohnehin nicht durch die Vegetation. Alle anderen haben im Gintoftholz nichts zu suchen.

In der Auniederung

Nach der Topographischen Karte des Landesvermessungsamtes Schleswig-Holstein (Nr. 1224, Normalausgabe, 1:25.000) heißt die Steinberger Au ab Aubrück - an der Straße von Steinbergkirche nach Norgaardholz - Haberniser Au. Plausibel, denn Habernis mit der Ostsee-Steilküsten-Huk ist nahe.

Bevor die Haberniser Au (ex: Steinberger Au) knapp westlich von Habernis in die Ostsee mündet, durchfließt sie ab Aubrück ein Auniederungsgebiet allerfeinster Natur. Feuchtwiesen, Sumpfabschnitte, kleine Bruchwaldstücke, Schilfbestände wechseln sich ab. Durchzogen, begrenzt durch Fließbäche, gespeist durch wasserreiche Quellen.

Dieses interessante Gelände ist durch Wanderpfade, vielfach in Form schmaler Bohlenstege, erschlossen. Von Gintoftholm, auch vom Deich bei Habernis und insbesondere vom Westteil des Waldstücks Gintoftholz aus kann die Wanderung begonnen werden. Stete »Tuchfühlung« mit einer artenreichen Flora und Fauna ist garantiert. Ende April/Anfang Mai blühen leuchtenddottergelb große Bestände der Sumpfdotterblume. Um einige Zeit später, ab Juni, die Gelbe Sumpfschwertlilie.

Touristisches

Bevor der neuerdings überall zum Schlagwort gewordene Begriff vom »sanften Tourismus« überhaupt erfunden war, hat man in Angeln diese Form des Fremdenverkehrs längst praktiziert. Weil diese Art zur Landschaft paßt - und zu den Menschen. Tourismus in Angeln bleibt (fast) immer Bestandteil des »normalen Lebens der Region«, gehört dazu, findet nicht isoliert daneben statt. Urlauber sind davon angetan. Sie haben wirklich Gelegenheit, Land und Leute kennenzulernen, müssen kein Leben im »Urlauber-Ghetto« führen. Daß die Angeliter - trotzdem

oder gerade deshalb - sehr individuell, sehr erfolgreich bemüht sind, Urlauberwünschen gerecht zu werden, gehört hier zu den Selbstverständlichkeiten.

Im Unterkunftsangebot dominieren - sowohl an der Küste wie im Landesinnern - die Privatquartiere: Ferienhäuser, Appartements, Ferienwohnungen, Zimmer. Selbstredend sind auch Hotel »aller Klassen« buchbar, vor allem in Glücksburg, aber auch in vielen anderen Orten. Gefragt ist »Urlaub auf dem Bauernhof« - mit Tieren! Für Kinder *das* Erlebnis. Manche Pferdehöfe und

Hoffnung auf Gäste: Laut Info-Tafel ist in dieser Mühle in Nübelfeld eine Ferienwohnung zu vermieten. Auch das Haus in Unewatt (links) bietet Urlaubsquartiere an.

Turnier- und Ausbildungsställe - wie zum Beispiel Maike Jensen in Sterup und Uwe Jürgensen auf dem »Lindenhof« in Habernis/Steinberg - vermieten ergänzend Ferienwohnungen.

Die Struktur eines typischen Angeliter Urlauberangebots spiegelt das Gastgeberverzeichnis* des »Touristikvereins Amt Steinbergkirche/Ostsee e.V.« wider: 5 Hotels, 3 Campingplätze, 22 Bauernhöfe, über 100 weitere Vermieter von Ferienhäusern, -wohnungen, -zimmern. Hungern und dursten muß auch niemand. Unter dem Stichwort »Gastronomie« sind 20 Angebote aufgelistet, plus zweimal »Schnell-Imbiß«.

* Ausgabe 1998

Steinberghaff

»Des Königs Majestät haben durch Allerhöchsten Erlaß vom 23. April d. Js. zu genehmigen geruht, daß der Name der im Landkreise Flensburg gelegenen Gemeinde Oestergaard in ›Steinberghaff‹ umgeändert wird.

Schleswig, den 11. Mai 1909.
Der Regierungs-Präsident.«

(Aus: »Amtsblatt der Königlichen Regierung zu Schleswig« vom 22. Mai 1909)

»Badehotel mit 24 Logierzimmern, Veranden, Speisesaal etc. Logis und Pension 4 M pro Tag, für Kinder unter 10 Jahren die Hälfte, bei Aufenthalt von weniger als 8 Tagen in der Vor- und Nachsaison 4,50 M pro Tag, vom 1. Juli bis Mitte August 5 M pro Tag. Außerdem Privatwohnungen in der Nähe (...)«.

(Aus: »Griebens Reisebücher Band 55. Die Ost- und Nordsee-Bäder.« Sechste Auflage, Verlag von Albert Goldtschmidt; 1894)

Strandleben

Sicher, Glücksburgs Kurstrand, gleich »zu Füßen« des Hotelkomplexes »Intermar«, gehört zur gepflegten Vorzeigeklasse. Ansonsten aber sind die meisten Angelner Ostseestrände eher von der schlichteren Art, vielfach angenehm naturbelassen, nicht aufgestylt, nicht bis zum allerletzten Winkel touristisch aufgeputzt, um nicht zu sagen – ausgebeutet.

Einem putzmunteren Strandleben – oft mit dem Campingplatz gleich dahinter – tut das keinen Abbruch. Im Gegenteil. An diesen Stränden kann jeder ungezwungen auf seine Façon selig werden. Besonders für Kinder geradezu ein Spiel- und Erlebnisparadies.

Im Verhältnis zu Sylt oder zur Lübecker Bäderbucht mit Travemünde, Grömitz, Timmendorfer Strand liegen Angelns Ostseestrände eher an der »vergessenen Küste«.

Das, so meinen manche Kenner, habe auch seine Vorteile.

»...und ich sag' Euch, Angeln ist ein Vergnügen!«

Herzogliche Pläne

Mehrere Steinbuhnen, vom Strand ins Meer verlaufend, sollen bei starken auflandigen Ostwinden Kraft und Mächtigkeit der Wellen brechen und dadurch die Steilküste vor weiteren Abbrüchen schützen. Das ist hier besonders nötig, steht doch die Kirche von Neukirchen, 15 Meter hoch über der Ostsee, nur wenige Meter von der Steilküstenkante entfernt.

Mit diesem Gotteshaus, das in seiner harmonischen Bauform, mit den gestuften Dächern und den leuchtend weißen Außenwänden dänischen Dorfkirchen auf Alsen und Fünen sehr ähnlich ist, hat es eine besondere Bewandtnis. Um 1620 wollte Herzog Hans der Jüngere (der von Glücksburg) genau hier an der Angeliter Küste einen neuen bedeutenden Hafen- und Handelsort gründen. Auch der Name war schnell gefunden: Nieby. Das ist ziemlich dänisch und bedeutet auf deutsch »neues Dorf«, »neuer Ort«.

Den Flensburgern, nur 18 Kilometer entfernt, gefiel das alles gar nicht. Sie witterten unliebsame Konkurrenz für ihren florierenden Hafen und wandten sich hilfesuchend an den König, den dänischen. Auch dem war nicht daran gelegen, »seinem« Hafen Flensburg durch eine herzogliche Neugründung Abbruch tun zu lassen.

Der Herzog erhielt Bescheid und reagierte prompt. Der bereits begonnene Aufbau von Nieby wurde eingestellt, und von den schon errichteten Häusern wurden zwölf sogar abgetragen und in Glücksburg neu aufgebaut. Nur die Nieby-Kirche stellte man 1622 noch fertig. Heute ist sie als Dorfkirche von Neukirchen, ziemlich abseits gelegen, letzte Zeugin eines großen, aber unerfüllt gebliebenen Planes.

Der kleine Pfad, rechts von der Kirche, führt nach wenigen Metern zu einer Holztreppe, mittels der man von der Steilküstenhöhe bis zum Strand hinunter steigen kann – oder umgekehrt.

Armer Pastor

»Weniger rege und hoffnungsfroh dagegen ist das Treiben in Neukirchen, aus welchem zu Anfang des siebzehnten Jahrhunderts Herzog Johann ein zweites Hamburg machen wollte. Die Flensburger Handelsherren aber beschwerten sich beim König über die beabsichtigte ›schmutzige Konkurrenz‹, und zur Strafe für seine Großmannssucht blieb Neukirchen das kleinste Kirchdorf des ganzen Landes, in dem dem beneidenswerten Seelsorger nicht allzu viele Seelen zur Verfügung stehen. Das Geschäft ist also flau; aber da ein Pastor ja nicht im Akkord arbeitet, wird es für ihn trotzdem, wenigstens in finanzieller Hinsicht, erträglich sein.«

(Aus: »Das Schleswig-Holstein-Buch« von Michael v.d.L. Rupertus, 1922)

Die keineswegs mehr neue Kirche zu Neukirchen und ein Ortsschild historischer Art

Übrigens, eine kleine, am Ostseestrand gelegene Ortschaft Nieby, wie das dicht benachbarte Neukirchen zur Gemeinde Quern gehörend, existiert denn doch. Die Kirche von Neukirchen, die nach herzoglichen Plänen ja eigentlich Kirche von Hafen- und Handelsort Nieby hätte sein sollen, nutzen die Niebyer und Neukirchener gemeinsam.

Nachsatz: Dieses Nieby nicht verwechseln mit der namensgleichen Ortschaft nordöstlich von Gelting und mit der Siedlung Nieby, zu Boel gehörend.

Sörup – Zentralort »für alle Fälle«

Knapp 100 Jahre lang, seit 1881, hat die Eisenbahn auf der Strecke Kiel – Flensburg in Angeln die Dörfer bedient. Stationen waren Lindaunis, Fahrtoft, Süderbrarup, Mohrkirchosterholz, Sörup, Winderatt, Husby und Maasbüll. Insgesamt also ihrer acht, auf einer Streckenlänge in Angeln von 36 Kilometern. Mithin hielt die gute alte Dampfeisenbahn im Durchschnitt alle 4½ Kilometer.

Dann kamen die Triebwagen, und überhaupt muß in unserer Zeit bekanntlich alles schneller gehen. Wer oft anhält, verliert Zeit. Folglich wurde nach und nach ein Haltebahnhof nach dem nächsten aus dem Fahrplan gestrichen. Heute halten die Triebwagenzüge nur noch in Süderbrarup und Sörup.

Was die Bedeutung Sörups als Verkehrsknotenpunkt und als »Ländlichen Zentralort« unterstreicht. Der Blick auf die Landkarte verdeutlicht, der Ort liegt in der Tat inmitten der Landschaft. Sörup erfüllt Mittelpunktfunktion für ein größeres Umland.

Entsprechend seiner Bedeutung ist Sörup »amtsfrei«, ist als Gemeinde in keine Amtsverwaltung eingegliedert. Sörup verwaltet sich selbst. Allerdings besteht die Gemeinde Sörup nicht nur aus dem namensgebenden (Mittelpunkts-)Ort, sondern aus weiteren, verwaltungsrechtlich eingegliederten Dörfern, die zuvor selbständige Gemeinden waren: Barg, Flatzby, Gammelby, Hardesby, Löstrup, Möllmark, Sörupholz, Schwensby, Südensee und Winderatt. Sörup ist mit 4430 Hektar die flächenmäßig größte Landgemeinde in Angeln. 4200 Einwohner wohnen in der Gemeinde, davon im eigentlichen Ortsteil Sörup 2200.

17 Gemeindevertreter sorgen für das Wohl der Gemeinde. Ehrenamtlich tätiger Bürgermeister ist Friedrich Martens, Löstrupstamm. Margarethe Kühn aus Flatzby und Matz Asmus Matzen, See-Ende, sind die Stellvertreter. Die Gemeindeverwaltung beschäftigt 10 hauptamtliche Mitarbeiterinnen und Mitarbeiter. Ingo Bork ist der Büroleitende Beamte.

Sörup ist als Erholungsort anerkannt. Die Touristikinformation »Sörup am Südensee« präsentiert eine Reihe von Appartements, Ferienhäusern und Ferienwohnungen als Urlauberquartiere. Die finden sich nicht nur im Kernort Sörup, sondern in zugehörigen Ortsteilen und Dörfern wie Gammelby, Winderatt, Schwensby, Flatzby, Löstrup, Sörupholz. Die verschiedenen Zusatz-

informationen zu den Unterkünften sind für unterschiedliche Zielgruppen interessant. Zum Beispiel: *»Pferde/Reitplatz«* – *»Ruhige Hoflage im Dorf«* – *»Kinderfreundlicher Bauernhof«* – *»Direkte Seelage mit eigenem Bootssteg, Ruderboot«* – *»DLG anerkannter Bauernhof, Pferde, Ponys, Rinder, Schafe, Ziegen, Hund, Katze, Hühner«* – *»Ruhige Waldlage«*.

Fazit: Sörup ist ein Ort für alle Fälle. Für Einheimische und Urlauber.

Sörup 1906

»Kirchdorf Sörup (...), Flächeninhalt 438 ha, davon Acker 340 ha, Wiesen 36 ha, Hölzung 37 ha. 52 Wohngebäude, 500 Einwohner. 55 Pferde, 236 Rinder, 17 Schafe (...).

Gemeindevorsteher: Jürgen Michelsen (...).

Sechsklass. Schule mit 4 Lehrern und 2 Lehrerinnen, Spar- und Leihkasse, 1 Hotel, 2 Bahnhofswirtschaften, Dampfziegelei, Kornmühle mit Motor, Tischlerei, 3 Kaufleute, 14 Gewerbetreibende. Meierei in Möllmark. 53 ländl. Besitzstellen.«

(Aus: »Topographie des Herzogtums Schleswig« von Henning Oldekop. Verlag Lipsius & Tischer, Kiel, 1906)

Gemeinschaft ist gefragt

»In gesellschaftlicher Hinsicht und mit den Vereinen ist das hier ja immer weniger geworden. Geblieben sind nur die Feuerwehr und der Sparclub«, klagte ein 80jähriger in Rügge. Der Strukturwandel in den Dörfern hinterläßt auch insoweit hier und da seine Spuren.

In den etwas größeren Orten sind jedoch Vereine und Vereinigungen nach wie vor in überraschend großer Anzahl und erstaunlicher Breite vertreten.

Beispiel Sörup. In der von Ingo Bork, dem Büroleitenden Beamten der Gemeinde, zur Verfügung gestellten Liste der in Sörup ansässigen »Vereine und Institutionen« sind aufgeführt:

Arbeiterwohlfahrt Sörup - Bauernverband Sörup - Betriebshilfsdienst Sörup-Steinbergkirche - Bläserchor Sörup - Bücherei Sörup - Dänischer Verein Sörup - DRK-Ortsverein Sörup - Freiwillige Feuerwehr Sörup - Fremdenverkehrsverein Sörup - Gemischter Chor Schwensby - Haus-, Wohnungs- und Grundeigentümerverein von Sörup und Umgebung e.V. - Hegering III der Kreisgruppe Flensburg - Heimatverein der Landschaft Angeln/Kirchspielgruppe Sörup - Imkerverein für Sörup und Umgebung e.V. - Interessengemeinschaft zur Erhaltung der Schwensbyer Mühle - Kleingärtnerverein Sörup - Laienspielgruppe der Freiwilligen Feuerwehr Flatzby-Gammelby-Winderatt - Landfrauenverein Sörup - Naturschutzverein Sörup - Pomologenverein [Pomologie: Obstkunde] - Rassegeflügelzuchtverein Sörup und Umgebung - Reichsbund Sörup - Reiterverein Sörup e.V. - Schützenverein Sörup e.V. von 1907 - Skatclub Südensee - Söruper Gesangverein/Gemischter Chor - Söruper Tennisclub - STV Spiel- und Turnverein Sörup e.V. von 1911 - Theaterring Sörup - THW-Ortsverband Sörup - Vereinigte Wohlfahrtsverbände Sörup - Volksbund Deutsche Kriegsgräberfürsorge e.V., Ortsverband Sörup - Volkshochschule Sörup - Wasserbeschaffungsverband Sörup - WFD/ABL Inlandprojekt - WMC Wohnmobilclub Angeln.

»Es ist garantiert für jeden etwas dabei«, mutmaßte lachend ein einheimischer Bürger. Manche Söruper sind selbstredend in mehreren Vereinen und Institutionen Mitglied, Teilnehmer, Nutzer.

Erkenntnis: Angeliter sind keine sich ins eigene Schneckenhaus zurückziehenden Eigenbrötler. Im Gegenteil. Gemeinschaft mit Gleichgesinnten ist gefragt.

Straßen, Wege, Pfade

Für den Straßenverkehr sind Schlei, Förde und Ostsee natürliche Barrieren. Folglich ist Angeln keine Region, durch die im nennenswerten Umfang überregional bedeutsamer Transitverkehr rollt. Das um so weniger, als die Schleiübergänge, die Brücken von Kappeln und Lindaunis sowie die Fähren, für den großen Durchgangsverkehr alles andere als »anziehend« sind. Logischerweise führt deshalb Schleswig-Holsteins Nord-Süd-Autobahn im Westen dicht an Angeln vorbei, aber eben nicht hindurch.

Eine solche Situation hat ihre Vorteile: Die Verkehrsdichte auf den Bundes-, Landes- und Kreisstraßen, erst recht auf Seitenwegen, ist hier überwiegend spürbar geringer als in den meisten anderen Gebieten des Landes. Vor allem die »ruhigen« Nebenstraßen, die kurvenreich und in sanftwelligem Auf und Ab das Profil der Landschaft nachzeichnen, die vielen Feld-, Wald- und Wiesenwege, Radwege und Wanderpfade haben wesentlichen, prägenden Anteil am schönen Bild der Angeliter Landschaft.

Pfingstsonntagmorgen um 6.00 Uhr

Ein fast kreisrunder, mit Schattengräsern bewachsener Platz am Südrand des Wäldchens Dingholz*. Neun mächtige, hohe Buchen umrahmen die Stätte. Eine zehnte Buche steht - wie Aufsicht führend - im ersten Platzdrittel. Am nahen Waldrand verdeckt Buschwerk die Aussicht aufs Feld, ist zugleich Abschirmung dieses Waldplatzes nach draußen. Nur eine schmale, fast eingewachsene Zuwegung gewährt Eintritt und Ausblick.

Orte wie dieser mögen schon für die alten Angeln in historischen Zeiten Kultstätte oder Thingplatz gewesen sein.

Auch heutzutage herrscht hier einmal im Jahr, einer 90jährigen Tradition folgend, Leben. Jeden Pfingstsonntag, morgens um 6.00 Uhr, versammeln sich Chorbläser aus Angeln, um den christlichen Feiertag mit einem Konzert zu beginnen.

In einem Kreisrund aufgestellt, spielen die rund 40 Mitwirkenden - jung und alt, Frauen und Männer - unter Leitung von Landesposaunenwart Werner Petersen Kirchenlieder, Choräle, aber auch »Der Mai ist gekommen...« und, passend zur Umgebung, »In einem kühlen Grunde...«.

Durch das dichte Blätterdach des Waldes blinzeln einzelne Strahlen der aufgehenden Sonne. In kurzen Konzertpausen ist das ausdauernde Rufen eines Kuckucks ebenso zu hören wie das fröhliche Zwitschern der übrigen Waldvögelschar. Dann wieder die Bläser: »Danket dem Herrn...«.

Es ist eine besondere Pfingstmorgenatmosphäre an einem besonderen Platz. So empfinden es auch die Besucher, Einwohner aus den Dörfern der Umgebung etwa 120 an der Zahl. Manche haben sich Klappstühle mitgebracht, andere lehnen sich stehend an die Buchenstämme.

Nach dem Konzert der Bläser folgt eine Wald-Morgenandacht: Der 118. Psalm, das gemeinsame Lied: »Komm, o komm du Geist des Lebens...«, eine kurze Pfingstpredigt, Gebet. Zum Gebet, zum »Vaterunser«, nehmen sämtliche Männer selbstverständlich Mütze oder Hut ab. In Angeln weiß jeder, »was sich gehört«.

Pfingstsonntagmorgen, 6.00 Uhr bis 7.30 Uhr, eineinhalb Stunden im Dingholzer Wald - ein ebenso froh wie besinnlich stimmendes Erlebnis.

* An der Straße zwischen Quern und Sörup

»Das Herz von Angeln«

Auf Straßenschildern eingangs des Ortes ist es deutlich zu lesen: *»Satrup – das Herz von Angeln«*. Befragt nach dem »Wieso?« und »Warum?« meinte Bürgermeister Harald Krabbenhöft, das begründe sich wohl in der geographischen Lage Satrups. Um augenzwinkernd hinzuzufügen, ein wenig reklamiere auch Sörup diesen Anspruch für sich. Alles in gegenseitiger nachbarschaftlicher Freundschaft, versteht sich. Gelegentlich würden die Satruper und die Söruper sich deshalb auch ein wenig necken.

Dieselbe Frage einer freundlichen Verkäuferin beim Einkauf gestellt, ergab diese Antwort: *»Also, ich bin eine gebürtige Satruperin und kenne mich hier aus. Wenn Satrup nicht mehr pulsieren würde, bliebe ganz Angeln wie leblos stehen, könnte gar nicht mehr weiter leben. Deshalb ist Satrup das Herz von Angeln. Logisch.«*

So ist das. Und nun weiß jeder Bescheid.

So ganz ernst meinte die nette Lady im Laden ihre flotten »Satrup-Herz-Sprüche« wohl nicht. Jedenfalls hat sie anschließend herzhaft gelacht. Der Chronist rätselt, ob sie ihn nun an- oder (ziemlich wahrscheinlich) freundlichst ausgelacht hat. Wie auch immer: Ein großes Dankeschön für diese »Herz-Bestimmung«.

»...hat sich ... sehr gehoben«

»Satrup, Kirchdorf 2¾ Meilen nördlich von Schleswig (...). Dieses Dorf, welches ehemals zu dem Gute Satrupholm gehörte, hat sich in den letzten Jahren sehr gehoben und enthält außer der Prediger- und Organistenwohnung, 2 Voll-

hufen, 3 Halbhufen, 1 Viertelhufe, 5 Kathen und 5 Hufen-Parcelenstellen. Vor einigen Jahren ward hier eine Apotheke angelegt. - Districtsschule - Armen- und Arbeitshaus. - Ein sehr gut eingerichtetes Wirthhause, Schmiede und mehrere Handwerker. - Im Dorfe wohnen ein Königl. Hegereuter, ein Districtsarzt und 2 Aerzte. - Die Kirche, anfänglich eine Capelle, soll von zwei reichen Jungfrauen erbaut sein; sie ist von Feldsteinen aufgeführt, mit blauen Ziegeln gedeckt, hat einen kleinen Thurm und eine Orgel.«*

(Aus: »Topographie des Herzogthums Schleswig« von Johannes von Schröder, 2. Auflage, 1854)

Das Gericht im Dorf

Vor 100 Jahren war die Reise in die Kreisstadt zumeist eine schwierige, umständliche, in jedem Fall zeitaufwendige Sache. Schließlich verfügte nicht jeder über ein eigenes Pferdefuhrwerk. Deshalb lief das Leben doch sehr anders ab als heute in unserem (auto-)mobilen Zeitalter. Zum Beispiel so: Wer etwas in Gerichtsangelegenheiten zu tun hatte, mußte sich nicht auf den Weg zum Gerichtsort machen. Das Gericht kam vielmehr ins Dorf. Wie aus der Bekanntmachung des »Königlichen Amtsgerichts Schleswig, Abtheilung I« vom 7. Dezember 1894* zu entnehmen ist:

»Der Gerichtstag in Satrup wird im Jahr 1895 an dem ersten Dienstage eines jeden Monats mit Ausnahme des Augustmonats (...) in dem Wirthshause des Gastwirths Lehmann in Satrup von 9 Uhr Vormittags an, in den Monaten November, Dezember, Januar, Februar jedoch von 10 Uhr an abgehalten.«

* Veröffentlicht im »Amtsblatt der Königlichen Regierung zu Schleswig« vom 22. Dezember 1894

Würstchen, E-Werk, Schwimmbad ... und so weiter

Wie berichtet, gilt Satrup als das Herz von Angeln. Ganz offensichtlich schlägt dieses Herz kräftig und gesund. 1050 Arbeitsplätze* stehen in Satrup zur Verfügung, erläutert Bürgermeister Harald Krabbenhöft. Für einen Ort mit 3125 Einwohnern* eine respektable Leistung. Im Faltblatt »Planen Sie Ihre Zukunft in Satrup« werden aufgelistet: 45 Einzelhandels- und Dienstleistungsbetriebe, 30 Handwerksbetriebe, 20 industrielle und gewerbliche Unternehmen, 4 Supermärkte, 3 Kreditinstitute, Hotels und Gaststätten, diverse Ärzte und Zahnärzte, 2 Apotheken, Optiker, Hörgeräteakustiker, Krankengymnast, Masseure, Tierärzte. Die Unternehmen in und um Satrup bilden im Arbeitskreis Satruper Unternehmer einen starken Wirtschaftsverein.

Größter Arbeitgeber mit zur Zeit rund 370 Beschäftigten* ist die 1865 gegründete Firma H. Redlefsen. Deren »Wurstspezialitäten aus Schleswig-Holstein« sind in Deutschland, im europäischen Ausland und in Übersee gefragt. Berühmt und inzwischen 200.000.000mal produziert ist das vakuumverpackte »Würstchen mit dem Reißverschluß«.

Über ein eigenes Elektrizitätswerk verfügt Satrup auch. *»Eine Besonderheit«*, wie der Bürgermeister anmerkt. Das E-Werk wurde im Jahre 1904 im Gebäudekomplex der Mühlenwerke Heinrich N. Clausen installiert, gehört diesem Unternehmen und trägt auch dessen Namen.

Grund- und Hauptschule, Realschule, Gymnasium, Dänische Schule - alles ist am Ort vorhanden. Nicht zu vergessen: die Kreismusikschule und eine aktive Amtsvolkshochschule.

Als Aktivposten für Einheimische, Gäste, Urlauber (auch aus der weiteren Umgebung) erweist sich immer wieder Satrups beheiztes Schwimmbad. Es ist jeweils vom 1. Mai bis Mitte September geöffnet und wird konstant auf 23 bis 24 Grad temperiert. Bürgermeister Krabbenhöft: *»In Satrup kann man auch dann angenehm baden und schwimmen, wenn die Ostsee noch, schon wieder oder an sich zu kalt ist.«*

Zu entdecken gibt es im Ort manches. Zum Beispiel den historischen »Satruper Reiter«, in Stein gemeißelt und seit »ewigen Zeiten« in der Außenmauer der Kirche eingebaut. Oder - im gesamten Monat Mai - den besonders prächtigen und interessanten Maibaum, geschmückt mit unterschiedlichsten Berufssymbolen und Berufsbildern. Die hat Realschullehrerin Heide Gajewski entworfen. Der Schmied Prahm aus Rüde montierte sie an den Maibaum. In Satrup ist Maibaumaufstellen Sache der Feuerwehr.

* Stand November 1998

Personenfuhrwerk

»Vom 1. März cr. ab wird die Personenpost zwischen Satrup und Schleswig Bahnhof aufgehoben und an Stelle derselben ein zur Beförderung von Postsendungen jeder Art zu benutzendes Privat-Personen-Fuhrwerk zwischen Satrup und Schleswig Stadt eingerichtet werden. Das Privat-Personen-Fuhrwerk wird folgenden Gang erhalten:

Aus Satrup	*5*	*Uhr*	*40*	*Min.*	*früh,*
" Uelsby gegen	*6*	*"*	*55*	*"*	*"*
in Schleswig	*9*	*"*	*10*	*"*	*Morgens.*
Aus Schleswig	*1*	*"*	*30*	*"*	*Nachm.*
" Uelsby	*4*	*"*	*–*	*"*	*"*
in Satrup	*5*	*"*	*–*	*"*	*"*

Kiel, den 20. Februar 1872
Der Kaiserliche Ober-Postdirector«

(Aus: »Amtsblatt der Königlichen Regierung zu Schleswig« vom 4. März 1872)

des Giebels ist außerdem noch die Abbildung des »Kaiserlichen Reichspostadlers« zu sehen.

Etwas verwittert ist dagegen das Schild an der Straßenkreuzung, das Sterup als »Schönes Dorf 1977/1983« ausweist.

Nur wenige Schritte sind es bis zum Haus Kappelner Straße Nr. 9, dem Pastorat von 1911. Das große Giebeldreieck ist eine einzige großflächige Stuckarbeit in Akanthusmustern.

Er + Sie

Wie es gute Sitte ist, schmückten Nachbarn und Freunde des Hochzeitspaares die Haustür mit Girlanden. Und mit der Spruchtafel: »Glück und Segen den Neuvermählten«.

In Sterup haben ein paar Leute aus der Kreativ-Abteilung ein übriges getan. Sie bauten dem Brautpaar zwei Riesenstrohfiguren – Er + Sie – in den Vorgarten.

Dieses Hochzeitshaus konnte niemand verfehlen.

P.H. Petersen Saatzucht Lundsgaard

Als mittelständisches Unternehmen bezeichnet Firmeninhaber Asmus Sören Petersen die »P.H. Petersen Saatzucht Lundsgaard«. Dabei ist dieser bedeutende Saatzuchtbetrieb mit Firmensitz auf Lundsgaard bei Grundhof weltweit bekannt. Einerseits, weil Saaten nach mehr als 20 Staaten exportiert werden, zum Beispiel nach Holland, Frankreich, Italien, Österreich, Spanien, in die USA, die Schweiz und die skandinavischen Länder. Andererseits, weil man durch Vertragsvermehrungsbetriebe auf etwa 6000 Hektar Fläche unter anderem in Ungarn, Rumänien, Polen, Dänemark, Kanada, Neuseeland und Australien produzieren läßt. In den Vermehrungsverträgen sind sämtliche Qualitätsparameter festgelegt. Die Kontrolle erfolgt in allen Produktionsstufen, auch durch Feldbegehungen. Maßgebend sind die OECD-Richtlinien.

Firmenchef Asmus Sören Petersen und das Hauptgebäude der P.H. Petersen Saatzucht Lundsgaard

Eine Tochtergesellschaft existiert in Ungarn. Auch dort gelten die hohen Qualitätsstandards des Lundsgaarder Unternehmens. Außerdem vermehrt eine Anzahl landwirtschaftlicher Betriebe einige Zuchtsorten auf eigene Rechnung in Lizenz des Hauses Petersen.

Das »P.H.« im Firmennamen steht für Peter-Hartwig, den Vornamen des Firmengründers und

Vaters des heutigen Firmeninhabers. Auf einem landwirtschaftlichen Hof in Unewatt, den er durch Einheirat übernommen hatte, begann P.H. Petersen um 1930 mit Saatgutvermehrung als Dienstleister für fremde Züchter. Aus diesen bescheidenen Anfängen entwickelte sich auf dem Familienstammhof Lundsgaard das heutige Saatzuchtunternehmen von internationalem Ruf mit Züchtungen, die über Europas Grenzen hinaus zu Qualitätsbegriffen geworden sind. Firmenchef und Alleininhaber Asmus Sören Petersen, der – nach dem Tod des Vaters – das Unternehmen 1974 übernahm, bewirtschaftet auf Lundsgaard über 300 Hektar landwirtschaftliche Fläche in Eigentum. Dazu kommen Gewächshausanlagen. Der Speicherbetrieb mit modernsten Anlagen für Saatgutreinigung und -aufbereitung umfaßt mehr als 10000 qm überbauter Fläche. Beschäftigt werden auf Lundsgaard 50 Mitarbeiterinnen und Mitarbeiter.

Ein züchterischer Schwerpunkt der »P.H. Petersen Saatzucht Lundsgaard« sind Zwischenfrüchte wie nematodenresistenter Oelrettich und Gelbsenf, die mit hervorragendem Erfolg zur biologischen Nematodenbekämpfung eingesetzt werden. Viele Landwirte in Deutschland, aber beispielsweise auch in Holland und in Marokko, sind dem Lundsgaarder Saatzüchter dafür dankbar. Können sie doch durch den Zwischenfruchtanbau dieser speziell gezüchteten Oelrettich- und Gelbsenfsorten den Nematodenbefall im folgenden Zuckerrübenanbau drastisch senken und die Erträge entsprechend erhöhen. Züchtung und Entwicklung neuer und ertragreicher Rapssorten ist ebenfalls ein Aufgabenschwerpunkt auf Lundsgaard. Die Sorte »Mohican« gehört zu den neueren großen Züchtungserfolgen. Aber auch dieses Produkt kommt über Lundsgaard auf den Markt: »Eiffel«, die größte Eiweißerbse Deutschlands.

Herrenhaus Lundsgaard

Inmitten einer gestalteten Gutsanlage: Herrenhaus Lundsgaard - eines der schönsten, wenn nicht das schönste seiner Art im Angeliter Land. Ein Conrad v.d. Wisch hat es 1779 bauen lassen. Der weiße Verputz des Ziegelbaus bildet zum großflächigen roten Ziegeldach einen ausgewogenen Farbkontrast. Der dreistöckige Mittelteil mit spitzem Giebel gliedert den ansonsten zweistöckigen Baukörper links und rechts in zwei gleich große Abschnitte mit jeweils vier Fensterachsen in beiden Stockwerken. 10fach unterteilte hohe Sprossenfenster in verzierter Rahmung betonen Harmonie und Gediegenheit der Architektur. Prächtig die Rokokohaustür.

Das unter Denkmalschutz stehende, gepflegte Herrenhaus Lundsgaard wird bewohnt von der Eigentümerfamilie Petersen. In der Eingangshalle des Hauses hängt der am 1. September 1860 geschlossene Originalpachtvertrag, nach dem Lundsgaard ab 1861 an die Familie Petersen kam, die das Anwesen dann 1867 käuflich erwarb.

Seither ist Lundsgaard Stammhof der Petersens. Und als Firmensitz und Betriebsstandort der »P.H. Petersen Saatzucht« in aller Welt bekannt.

Lundsgaard 1927*

»Art des Besitzes: *Gut, Gutsbezirk*
Besitzer: *Asmus Petersen*
Grundsteuerreinertrag in Reichsmark: 1.750,–

Größe in Hektar:		*50,5*
davon Acker/Garten		*39,5*
	Wiesen	*5,5*
	Weiden	*2,0*
	Holzungen	*2,5*
	Unland/Hofraum/Wege usw.	*1,0*
	Wasserfläche	*./.*

Pferde: *9*
Rindvieh: *56*
Schweine: *70*
Sonstiges: *Zucht Holsteiner Pferde,*
Anglerrindviehzüchter,
600 Obstbäume
Nächste Post, Telegraphenstation,
Eisenbahnstation: Dollerup, 2,3 km«.

* (Aus: »Niekammer's Landwirtschaftliches Adreßbuch. Provinz Schleswig-Holstein«, Ausgabe 1927)

Von klassischer Schönheit:
Herrenhaus Lundsgaard

Die Grundhofer Kirchhofmauer

Feldsteine als Baumaterial besitzen Vorzüge. Sie sind unverwüstlich, haben eine geradezu »ewige« Lebensdauer, übertreffen damit Ziegelstein erheblich. Beton sowieso. Außerdem waren Feldsteine - von den Gletschermassen der Eiszeiten hierher transportiert - quasi kostenfrei zu haben. Die steinernen Brocken lagen (und liegen) in großer Zahl im Land verstreut. Ortsnamen wie Steinberg bezeichnen eine besonders »steinreiche« Gegend. Und schließlich sind Feldsteinmauern, von Könnern fachmännisch aufgeschichtet, gut anzusehen. Feldsteinbauten wirken kraftvoll-rustikal, bodenständig und - siehe oben - unendlich dauerhaft.

So war es nur konsequent, daß die meisten der aus mittelalterlicher Zeit stammenden Dorfkirchen ganz oder teilweise aus Feldsteinen gebaut worden sind.

Und nicht nur die Kirchen, sondern auch die den Kirchhof umgebenden Mauern. Feldsteinkirchhofmauern sind geradezu ein Charakteristikum der Angeliter Kirchenwelt. Ein interessantes, ein schönes Charakteristikum.

Besonders mächtig ist die Kirchhofmauer von Grundhof ausgefallen. Die äußere Höhe der Mauer ist bis auf den heutigen Tag in manchen Abschnitten derart, daß es scheint, als ducke sich die Kirche dahinter.

In einem kleinen Aufsatz, der im Juni 1891 in der Zeitschrift »Die Heimat« erschien, ist über die Grundhofer Kirchhofmauer zu lesen:

»Wer je auf seinen Wanderungen durch das paradiesisch belegene Kirchdorf Grundhof in Angeln gekommen ist, dem wird auch der große mit hohen Linden umpflanzte Kirchhof mit seiner großen Mauer aufgefallen sein. Weit und breit ist eine solche nicht anzutreffen. (...) Sie ist zum größten Teil aus Feldsteinen erbaut (...) und umgiebt den Kirchhof von drei Seiten, nur die Nordseite freilassend. Bei einer durchschnittlichen äußern Höhe von 2,50 m und einer Dicke von 1,20 m hat sie eine Länge von 240 m (...). Die Mauer hat zwei Thore, eins im Süden und eins im Westen, beide aus Ziegelsteinen aufgeführt. Über dem letzteren steht die Zahl 1675. Außerdem findet man noch viele andere Jahreszahlen, welche in die Ziegelsteine, mit welchen die Mauer ausgebessert ist, hineingeritzt sind; so stehen über und neben dem Süderthore die Zahlen 1514, 1618, 1692 usw. Diese Zahlen weisen gewiß auf die Jahre hin, in welchen die Mauer repariert wurde.«

Auch wenn die heutigen Maße nicht mehr exakt diesen Angaben entsprechen mögen, imposant ist die außergewöhnlich hohe und dicke Grundhofer Kirchhofmauer noch immer. Mauertore gewähren Eintritt, die hohen Linden grünen wie damals, und viele kleine interessante Details sind zu entdecken.

»Sicherheit auf Gegenseitigkeit«

Eine Prise gruseliger Geschichte wird zusätzlich erzählt: Nach einer alten Sage sollen Kirche und Kirchhofmauer um 1400 erbaut worden sein. Auf Kosten des damaligen Besitzers des benachbarten Gutes Lundsgaard. Der wollte (oder sollte) damit einen begangenen Mord sühnen.

Mit der historischen Wahrheit nehmen es Sagen nicht so ganz genau. Nach Erkenntnissen heutiger Zeit ist St. Marien, die Grundhofer Feldsteinkirche, ein romanischer Bau aus dem 12. Jahrhundert. 1756 nach Blitzschlag abgebrannt, erfolgte der Wiederaufbau bis 1763. Die hohe, das Areal an drei Seiten einfassende Feldsteinmauer soll aus dem 16. Jahrhundert stammen.

Völlig auszuschließen ist die Geschichte mit der Mordsühne offenbar dennoch nicht. Nach anderen Quellen soll in besagter Zeit die Kirche bedeutend erweitert, der Turm erhöht worden sein.

Romantisch belegenes Dorf

»Grundtoft (Grundhof), Kirchdorf 2 Meilen östlich von Flensburg, an einer kleinen Aue (...). Dieses romantisch belegene Dorf enthält, außer Wohnungen der beiden Prediger und des Organisten, 1 Dreiviertelhufe, 1 Fünfzwölftelhufe, 2 Dreiachtelhufen, 3 Drittelhufen, 13 Kathen und 5 Instenstellen (...) und 1 Oelwindmühle und Wirthshaus (...) Districtsschule, Schmiede und einige Handwerker.«

(Aus: »Topographie des Herzogthums Schleswig« von Johannes von Schröder, 2. Auflage 1854)

»Dolleruper Freie Brandgilde« – schon der Name signalisiert Heimatverbundenheit. So war es, so ist es. Am 24. Februar 1744 wurden in Grundhof die »Reglements-Puncten der Freyen Brand-Gilde« festgelegt, mit diesen Abschnitten:

»I *Wie eine Feuerbrunst möge praecaviret und vorgebauet werden*

II *Wenn eine Feuersbrunst würklich entstehet, was dann eines jeden seine Schuldigkeit dabey sey*

III *Wie dem Abgebrannten wieder aufzuhelfen, daß sein Haus aufgebauet und sonsten mit Unterhalt versorget werden möge.«*

Zweifelsfrei: Die Freie Brandgilde war von Anfang an ein Versicherungsverein auf Gegenseitigkeit, verwurzelt in der Tradition der Nachbarschaftshilfe.

Im Anhang zum Reglement von 1744 war festgeschrieben, daß der erste Werktag nach Johanni* Versammlungstag der Gildemitglieder oder deren »Gevollmächtigten« sei. Zum Versammlungsort wurde der Krug von Lorentz Meyer in Grundhof bestimmt. Später war es offenbar erforderlich, in »Articul acht« diesen Hinweis aufzunehmen:

»(...) sollen alle Interessenten dieser löblichen Gilde bey der jährlichen Zusammenkunft wohl wissen und verstehen, daß dieses kein Sauf-, Hader- und Zankgelage seyn soll (...)«.

Die Entwicklung der Gilde war erfreulich. Im Verzeichnis von 1789 sind bereits 930 Mitglieder verzeichnet. Probleme gab es auch. So war die – damals durchaus eng begrenzte – regionale Ausdehnung des Mitgliederkreises den Gründungsmitgliedern nicht willkommen. Man traute den (nur etwas) entfernt wohnenden »Fremden« wohl nicht so recht. Es gab Streit, eine Opposition tat sich auf, schließlich kam es sogar zur Spaltung.

Rüdiger Hinsche, geschäftsführendes Vorstandsmitglied der Dolleruper Freien Brandgilde

Die »Freye Brandgilde« verlegte 1810 ihre Versammlungen nach Dollerup, führt seither den Namen »Dolleruper Freie Brandgilde«. Der jetzige Geschäftssitz ist in Nübelfeld, Gemeinde Quern.

Von dort werden in hellen, mit modernster Technik ausgestatteten Büroräumen mit einem Team von fachlich qualifizierten Mitarbeitern fast 6.000 Mitglieder mit ca. 12.000 Verträgen und einer Versicherungssumme von über 3 Milliarden DM betreut. Das Versicherungsangebot umfaßt alle Sparten einer modernen Sachversicherung. Als Regionalversicherer versichert man in ganz Schleswig-Holstein, aber nach wie vor doch überwiegend in Angeln, da die Nähe zum Kunden für die Dolleruper Freie Brandgilde wie eh und je einen wichtigen Bestandteil des »Gildewesens« darstellt. Diese Kundennähe wird von alters her durch ehrenamtlich oder nebenberuflich tätige »Distriktsvorsteher« sichergestellt. Diese wohnen in den von ihnen betreuten, kleinräumigen »Distrikten«. Man kennt sich, sozusagen von Nachbar zu Nachbar.

So ist diese Versicherung einerseits leistungsfähig und modern, andererseits traditionsbewußt. Wie in den ursprünglichen Statuten von 1744 festgelegt, findet die Mitgliederversammlung noch immer am 1. Werktag nach Johanni* statt, abwechselnd in den Gastwirtschaften der Region. Die Mitgliederversammlung ist - Vorstand hin, Aufsichtsrat her - nach wie vor »oberste Instanz«. Und auch das paßt zum Bild dieser heimatverbundenen Versicherung: Mit Peter Wilhelm Jacobsen aus Nordballig, Gemeinde Dollerup, ist ein praktizierender Landwirt 1. Vorsitzender.

Nach dem Motto »Meine Versicherungsangelegenheiten regelt die ›Dolleruper‹« wurde 1997 eine Tochtergesellschaft gegründet, die Dolleruper Versicherungs-Service GmbH. Aus einer Vielzahl von verschiedenen Versicherungsmöglichkeiten werden je nach Vorgaben des Mitgliedes Versicherungen und Finanzdienstleistungen vermittelt, welche die Dolleruper Freie Brandgilde selbst nicht führt. *»Rundumservice möchte man den Mitgliedern bieten«*, so die Aussage des geschäftsführenden Vorstandsmitgliedes Rüdiger Hinsche.

* Johanni = Johannistag. *»Johannistag (Johannisfest, Johannisnacht), das von der abendländischen Kirche früh dem Weihnachtsfest gegenüber gestellte Geburtsfest Johannis des Täufers (24. Juni), wird kirchlich meist am nächstliegenden Sonntag gefeiert. Da es der Zeit nach mit dem vorchristlichen Sommersonnenwendfest zusammen fällt, so wird es zuweilen auch so oder als Mittsommerfest bezeichnet.«*
(Aus: »Meyers Kleines Konversations-Lexikon«, Ausgabe 1914)

Ausblicke

Zur Grundsteinlegung im Jahre 1900 gab es eine Festschrift, in der in markigen, dem damaligen Zeitgeist entsprechenden Worten die Begründung für den Bau des Bismarckturmes genannt wird. Unter anderem: »*Dankbarkeit (...) für die Errichtung des Deutschen Reiches. Andenken des Eisernen Kanzler, dem Fürsten Bismarck...*«

Da sich das Edle und Gute bekanntlich mit dem Nützlichen und Angenehmen verbinden läßt, wurde eben nicht ein monumentales Bismarckdenkmal, sondern ein Aussichtsturm errichtet. Den man, des besseren Weitblicks wegen, auf dem 70 Meter hohen Scheersberg* bauen ließ. 88 hölzerne Stufen führen im Turminneren zur Aussichtsplattform in etwa 89 Meter Höhe über dem Meeresspiegel.

Der Ausblick in sämtliche Himmelsrichtungen über das schöne Angeliter Land, über die Förde und die Ostsee, bis hinüber nach Dänemark, ist an klaren Sonnentagen unübertroffen großartig.

* Knapp südlich der B 199, nördlich von Großquern

Von Spendern und Sponsoren

Sponsoren schätzen es (meistens), daß sie als Person, daß ihre Firma oder Institution ob der hochherzigen finanziellen Zuwendung gebührend genannt werden. Das war vor 100 Jahren, als 1899 der Bau des Bismarckturmes auf dem Scheersberg geplant wurde, nicht anders. Nur hießen Sponsoren damals noch schlicht und einfach Spender.

Weitgehend aus Spendengeldern konnte in den Baujahren von 1900 bis 1903 die Errichtung des Turmes finanziert werden. Die Sponsoren, also: die Spender, erhielten selbstverständlich eine öffentliche Nennung: Ihre Namen wurden eingemeißelt in die Granitquader dieses neugotischen/kaiserlich-wilhelminischen Bauwerks.

Da in Stein gemeißelte Namen dauerhaft sind, läßt sich noch heute nachlesen, wer damals gespendet hat. Zum Beispiel: Gut Brunsholm – Gemeinde Birzhaft – W. Iwersen, Boelschubyhof – »Flensburger Nachrichten« – Gemeinde Esgrus – Gottlieb Hansen, Gintoft – E. Kuhrt, Eisenbahn-Direktor – N.N. Boysen, Husbyholz – Gut Freienwillen – Nordangler Sängerbund – Nordangler Bauwerksinnung – Chr. Callsen, Sterup – Communal-Verein, Quern – Nord-Angler-Landw. Verein (zusätzlich mit in den Stein eingemeißelter Sense, Forke und Harke) – Gemeinde Wagersrott – Gemeinde Uelsby – Spar- und Leihkasse Kappeln ... und ... und ... und. Wer nachzählt, wird mehr als 350 Spender entdecken.

Da es nicht mehr Mode ist, Sponsorennamen in Stein zu meißeln, können jetzige Spendengeldgeber mit einer nach einhundert Jahren noch immer lesbaren Namensveröffentlichung kaum rechnen. Es sei denn, das Scheersberger Turmverfahren wird zwecks Einwerbung höherer Summen im Sponsoring gewissermaßen wiederentdeckt.

Jugendhof Scheersberg

Der »Deutsche Grenzverein e.V.« ist Träger der »Internationalen Bildungsstätte Jugendhof Scheersberg«. Zielgruppen der Bildungsarbeit sind insbesondere Jugendliche und junge Erwachsene, Multiplikatoren in der Jugendarbeit sowie Verantwortliche, die in Erziehung und Bildung tätig sind. Angeboten werden auch generationsübergreifende Seminare.

Zu dem Jugendhof gehören zahlreiche Seminar-, Gruppen- und Werkräume unterschiedlicher Größe. Der Jugendhof verfügt über Einbett-, Zweibett- und Dreibettzimmer. Zur Zeit werden Veranstaltungsreihen schwerpunktmäßig aus folgenden Bereichen angeboten: Geschichte, politische und soziale Bildung, Spiel, Theater und bildnerisches Gestalten, Musik und Tanz, Medienarbeit und Medienpädagogik sowie Sport und Spiel. Im Jugendhof finden Konzerte, Theateraufführungen und Ausstellungen statt. Die Bildungsstätte kann von interessierten Verbänden, Vereinen oder Organisationen genutzt werden, um eigene Seminare durchzuführen.

Informationen und Programme durch: Jugendhof Scheersberg, 24972 Quern, Telefon 04632-84800.

Langballig und Langballig und...

Für Einheimische ist die Sache klar, für Gäste anfangs verwirrend. Es gibt Langballig (dreimal), Langballigau (zweimal) sowie Langballigholz und Langballigkaten.

Die Auflösung:

Langballig ist - erstens - ein Amt mit einer Amtsverwaltung. Dazu gehören die Gemeinden Dollerup, Grundhof, Langballig, Munkbrarup, Ringsberg, Wees und Westerholz. Sitz der Amtsverwaltung ist in der Gemeinde, präzise: im Dorf Langballig. Siehe dazu das Folgende.

Langballig ist - zweitens - eine Gemeinde, bestehend aus den Dörfern, Siedlungen und Häusergruppen Langballig, Langballigau, Langballigholz, Langballigkaten, Trollkjer und Unewatt.

Langballig ist - drittens - ein Dorf (und Teil der Gemeinde), hauptsächlich direkt an der Nordstraße, der B 199, gelegen, mit Ausdehnung nach Norden.

Langballigau ist - erstens - der Name einer knapp 14 Kilometer langen Au.

Langballigbau ist - zweitens - die amtliche Bezeichnung einer Siedlung, einer Häusergruppe mit Yachthafen, Campingplatz, Restaurants und so fort. Zu finden dort, wo die Au (die Langballigau) in die Ostsee mündet.

Langballigholz ist ein Dorf nahe der Förde, zur Gemeinde Langballig gehörend.

Langballigkaten, an der Straße auf halber Strekke zwischen Dorf Langballig und Langballigau (der Siedlung) gelegen, ist eine Häusergruppe, die sich inzwischen zur Ortschaft vergrößert.

Alles klar?

Nachtrag: Ähnliche, nicht immer leicht zu entwirrende Namenssituationen, zum Teil noch ergänzt und erschwert durch Kirchspielzugehörigkeiten, gibt es zahlreiche im Angeliter Land. Bei Bedarf: ganz langsam sortieren!

Die heutigen Aufgaben des Heimatvereins umreißt der Vorsitzende, Hans-Otto Tiedemann aus Husby, wie folgt:

- Mitwirkung bei der Lösung aktueller Probleme der Kultur und des Bildungswesens, der Naturwissenschaften, der regionalen Gliederung, des Natur-, Landschafts-, Denkmal- und Umweltschutzes
- Erforschung, Bergung und Sicherung von vor- und frühgeschichtlichen Funden
- Erhaltung und Pflege überlieferter Bräuche
- Einrichtung und Erhaltung von Archiven und Bibliotheken als Quellen heimatgeschichtlicher Forschung
- Herausgabe von heimatkundlichen Schriften (u.a. das bekannte alljährliche Jahrbuch)
- Mitherausgabe einer Serie von Angelner Talern
- Erschließung der Heimat durch gemeinsame Fahrten
- Zwei Tagungen im Jahr mit Vorträgen usw.
- Pflege einer Patenschaft zur deutschen Volksgruppe in Nordschleswig

Um dieses Programm zu bewältigen, sind zur Zeit fünf Arbeitsgemeinschaften aktiv:

- Vor- und Frühgeschichte
- Heimatforschung und Archivwesen
- Volkskunde
- Ornithologie
- Botanik

Damit wird in der Tradition der Gründungsväter anno 1929 weitergearbeitet. Auch die hatten bereits drei Arbeitsausschüsse gebildet:

- Archivwesen und Geschichte
- Landes- und Volkskunde
- Familienforschung und Erbkunde

Ob auch das Angeliter Platt gepflegt wird? Vorsitzender Hans-Otto Tiedemann in einem Schreiben* an den Autor:

»Zum Thema Plattdeutsch sei noch erwähnt: Unser Rechnungsführer, Hartwig Martensen, spricht, wie auch andere Vorstandsmitglieder, überwiegend Platt mit den Mitgliedern. Er hält seinen Kassenbericht bei den Jahrestagungen <u>*immer*</u> *in Platt. Es gibt viele einzelne Initiativen, die sich mit Platt beschäftigen, das Feld ist allgemein nicht unbesetzt. Beispiele:*

Der Schulleiter und Amtsvorsteher Jürgen Bachmann, Westerholz, ist eine tragende Säule im Wettbewerb ›Schüler lesen Platt‹.

OStud. Dir. i.R. Hans Heinrich Kolbeck aus Ekenis unterrichtet Plattdeutsch in VHS-Kursen.

Unser bisheriger Jahrbuch-Schriftleiter Bernhard Asmussen aus Steinberg hat in seinem Kirchspiel einen ›Plattdüütschen Kring‹ gegründet.

Der Niederdeutsche Literaturpreis der Stadt Kappeln wird jährlich ausgelobt.

Der Bundestagsabgeordnete Wolfgang Börnsen aus Angeln hat sich als Sprecher der überfraktionellen Abgeordneteninitiative für ›Niederdeutsch‹ seit Jahren und inzwischen erfolgreich für die Anerkennung der plattdeutschen Sprache eingesetzt. Er verfolgt auch in Angeln die Umsetzung der Punkte der europäischen Sprachencharta.

Es gibt noch mehr lokale Initiativen. Eine Arbeitsgemeinschaft ›Plattdüütsch‹ (im Heimatverein) sollte vielleicht gegründet werden?!«

Bleibt anzumerken: Im Heimatverein sind sämtliche Mitglieder, auch Vorstand und Geschäftsführung, ehrenamtlich tätig. Neue Mitglieder sind willkommen. Anschrift: Heimatverein der Landschaft Angeln e.V., Geschäftsstelle Unewatt, Unewatter Str. 3a, 24977 Langballig.

* Vom 23. September 1998

Fließgewässer

Einen Fluß der Kategorie »überregional bedeutend« und »nennenswert« schiffbar hat Angeln nicht aufzuweisen. Aber eine beachtliche Menge Auen und Bäche. Am bekanntesten sind wohl Langballigau, Loiter Au, Lippingau, Grimsau, Oxbek, Lindau, Wellspanger Au, Bondenau, Kielsau. Sämtliche größeren Auen werden von mehreren kleineren Zubringern »beliefert«. Die heißen dann beispielsweise Sponsau, Grimbek, Sterupbek, Bullekjergraben, Havetofter Mühlenau, Scheggerotter Au. Die Endung »-bek« ist plattdeutsch und bedeutet »Bach«.

Vor Zeiten waren noch erheblich mehr Auen, Bäche und Gräben zu sehen. Aber manche wurden ganz oder in Abschnitten verrohrt, fließen jetzt - leider - unterirdisch.

Trotzdem, aufmerksame Wanderer bestätigen gern: Angeln ist noch immer reich an landschaftsschmückenden und natürlich landentwässernden Fließgewässern, an Auen, Bächen, Beken und Gräben - den sichtbaren.

Bildungsbeflissen

»Nun freilich ist zur Genüge bekannt, wie der Angler Bauernstand ganz besonders beflissen ist, seine in die Schule empfangene Bildung durch Lectüre und Selbststudium zu vervollständigen und zu erweitern. Nicht nur, daß nirgends so zahlreiche Lesevereine existiren, sondern man stößt auch nicht selten auf Privatbibliotheken, deren Auswahl um so mehr in Erstaunen setzt, als man sich gesprächsweise die Ueberzeugung verschaffen kann, daß die classischen Werke aus verschiedenen Branchen nicht bloß zum Staat auf den Bücherrepositorien stehen, sondern geistiges Eigenthum der fleißigen Leser geworden sind. Aber nichtsdestoweniger gebührt der Schule das große Verdienst, diesen angeborenen Bildungssinn geweckt und gepflegt und den soliden Grund für die spätere Fortbildung gelegt zu haben (...).«

(Aus: »Angler Skizzen« von A. Hansen; 1881)

Küster und Lehrer gesucht

»Die Küster- und Lehrerstelle in Süderbrarup soll zum 1. Mai d. J. besetzt werden. Außer freier Wohnung und 60 Quadrat-Ruthen Gartenland, sowie 40.000 Torf für Schule und Haus, betragen die Einkünfte:

1) der Küsterstelle: 20 Schipp Gerste; 16½ Drag Hafer; 108 Brote; 10 Stieg Eier; an Opfer und Accidenten ca. 70 Thlr. An sonstigen festen Einnamen 26 Thlr. 6 Sgr. 9 Pf.;

2) der Schulstelle: 84 Thaler an Schulgehalt; 5 Tonnen Roggen, 19 Heidscheffel Land, frei bearbeitet.

Die Haltung eines Präparanden wird mit 82 Thlr. 16 Sgr. vergütet. An den Vorweser sind für dessen Lebzeiten jährlich 100 Thlr. zur Pensionirung zu entrichten. Die Gesuche nebst Zeugnissen über die Befähigung im Orgelspiel sind binnen 4 Wochen an das Königliche Kirchenvisitatorium der Propstei Gottorf einzusenden.

Propstei Gottorf zu Schleswig,
den 4. März 1871.
R. Hansen.«

(Aus: »Amtsblatt der Königlichen Regierung zu Schleswig« vom 18. März 1871)

Pädagogik anno 1872

(Aus: »Allgemeine Familien Zeitung«, Nr. 47, 1872)

Schulisches

Zentralschulen, Dörfergemeinschaftsschulen und ähnliche Begriffe sind Bildungsvokabeln unserer Zeit. Vor 50, vor 100, erst recht vor 150 Jahren sah die Angler Schullandschaft gründlich anders aus. Es gab viel mehr Schulen als heute, zumindest in jedem größeren Dorf eine. Richtige kleine Dorfschulen waren das, vielfach nur ein- oder zweiklassig. Von (Bus-)Sammeltransport der Schüler war natürlich keine Rede. Jeder mußte, bei jedem Wetter, sehen, wie er pünktlich ins Schulhaus kam. Lange Fußmärsche waren für viele Kinder selbstverständlich.

Weil die Gemeinden sehr sparsam waren, hatte der Lehrer in vielen Fällen auch die Aufgabe des Küsters - einschließlich Orgelspiel - mit zu besorgen. Neben zumeist bescheidenem Bargehalt wurde in Naturalien - Gerste, Hafer, Roggen, Brote, Eier und so fort - entlohnt. Ein Stück Lehrerland wurde zur Verfügung gestellt, frei bearbeitet oder auch nicht. Die nebenstehende Original-Vakanz-Mitteilung vom 4. März 1871 macht deutlich, welche Konditionen der Lehrer/Küster zu Süderbrarup zu erwarten hatte.

Die alten Schulgebäude sind überwiegend verschwunden oder - für andere Nutzungen - wesentlich umgebaut. In Husby steht, jetzt Wohngebäude, noch die ehemalige reetgedeckte Dorfschule von 1826. Gleich neben dem modernen Schulkomplex der heutigen Zeit.

Husby: Die ehemalige Schule (unten) und ein Blick in die Kirche

Erzengel und Altnordisches

Wie so viele Kirchen in Angeln wurde auch St. Vincentius, die Kirche von Husby, um 1200 erbaut, hat also das respektable Alter von 800 Jahren. Um eine Granitquaderkirche handelt es sich, wie in einschlägigen Werken nachzulesen, vor Ort auch zum Teil noch nachzusehen ist. Der mit Holzschindeln gedeckte Turm, stolze 51 Meter hoch, entstand erst 200 Jahre später, um 1400, aus Feldsteinen und Backsteinmauerwerk. Weil Blitze ihm im Laufe der Zeiten oft zusetzten, waren Reparaturen mehrfach erforderlich. Viele eiserne Anker, teilweise als Jahreszahlen gearbeitet, geben davon an den Außenwänden sichtbares Zeugnis.

Auch am Kirchenschiff, innen wie außen, sind An- und Umbauten, Reparaturen, Renovierungen und Restaurierungen im Laufe von acht Jahrhunderten durchgeführt worden. *»Die jetzige Gestalt erhielt die Kirche bei einer grundlegenden Renovierung 1952«* – so steht es in dem Faltblatt »Ein Wegweiser für unsere Besucher«, verfaßt von Pastor Friedrich Welsch.

Um den Kirchenraum zu untergliedern, ließen die Verantwortlichen zu dem Zeitpunkt auch einen Chorbogen einsetzen. Die Bemalung dieses steinernen Bogens wirkt auf den ersten Blick sehr alt, sehr historisch, ist es aber natürlich nicht. Der Kunstmaler Carl Fey hat diese interessante bildhafte Bemalung vorgenommen.

Gleich rechts neben diesem neuzeitlichen Chorbogen, mit Blick auf die 1691 gefertigte Kanzel, hängt ein wirklich uralter Kirchenschatz: die aus Eichenholz geschnitzte, sehr ausdrucksvolle Statue des Erzengels St. Michael mit dem besiegten Drachen. Geschaffen hat dieses Werk ein unbe-

Schönes altes, denkmalgeschütztes Bauernhaus in Gremmerup

kannter Künstler um 1240. Originaltext aus dem Kirchen-»Wegweiser«: *»Stilvergleiche zeigen eine Verwandtschaft mit den spätromanischen und frühgotischen Plastiken der großen französischen Kathedralen.«*

Das älteste Stück in der Husbyer Kirche ist allerdings der aus grauem Granit gehauene Taufstein. Er stammt aus der Zeit vor 1200 und ist möglicherweise älter als die Kirche selbst. Zitat im »Wegweiser«: *»In seiner Form folgt er dem skandinavischen Typ und zeigt in seiner Ornamentik Anklänge an Altnordisches.«*

Landwirtschaft 1950

Im »Landwirtschaftlichen Adreßbuch Schleswig-Holstein« aus dem Jahr 1950 sind die landwirtschaftlichen Betriebe mit einer Größe über 10 Hektar aufgeführt. Dorf für Dorf.

Zum Beispiel die Tabelle für Gremmerup:

Name des Besitzers/ Pächters/Verwalters	*Gesamtgröße (ha)*	*Acker (ha)*	*Dauergrünland (ha)*	*Pferde über 2 Jahre*	*Milchkühe*	*Schlepper*
Gondesen, Christoph	*39*	*24*	*12*	*4*	*6*	-
Hansen, Johannes	*35*	*27*	*7*	*4*	*17*	-
Hansen, Peter	*29*	*25*	*2*	*4*	*10*	-
Hansen, Friedrich	*12*	*10*	*1*	*2*	*9*	-
Jacobsen, Johannes	*30*	*25*	*3*	*6*	*9*	-
Nissen, Elly	*30*	*25*	*3*	*3*	*12*	-
Nissen, Mathias	*26*	*21*	*5*	*2*	*11*	-
Owesen, Nikolaus	*43*	*30*	*9*	*4*	*15*	-
Thomsen, Peter	*45*	*38*	*5*	*4*	*17*	-
Trammsen, Heinrich	*29*	*16*	*12*	*4*	*9*	-

Was zeigt uns das?

Erst einmal: In Gremmerup endeten die Nachnamen der in amtlichen Verzeichnissen notierten Landwirte samt und sonders auf »-sen«. Also ein wahrhaft Angeliter Dorf. In der Spalte »Schlepper« steht für alle 10 Betriebe ein Strich. Danach war die Zeit der Trecker-Motorisierung noch nicht angebrochen.

Folgerichtig waren für sämtliche genannten Bauernstellen Pferde über zwei Jahre angegeben. Sie hatten den Pflug zu ziehen, den »Selbstbinder«, die Erntewagen, auch den Milchwagen zur Meierei im Nachbardorf Husby.

Gremmerup vor 50 Jahren - ein Bauerndorf. Mit Landwirtschaft in einer Art, wie sie heute nur noch »die Alten« erinnern.

Schnüsch

Schnüsch ist das Angeliter Nationalgericht. Gegessen wird es im Sommer, dann, wenn gartenfrisches Gemüse verfügbar ist. Der Begriff »Schnüsch« findet sich in keinem Wörterbuch der deutschen Sprache und ist nicht übersetzbar. Schnüsch ist ein Gemüse-Milch-Eintopf. Auch Nicht-Angeliter bestätigen nach ausgiebigem Probeessen: *»Schmeckt vorzüglich!«*

Hier ist das Rezept von Annemarie Clausen aus Dammholm. Sie hat Angliter Schnüsch in Jahrzehnten ungezählte Male zubereitet:

»Schnüsch: Rezept für etwa 4 Personen

250 g. Wurzeln, 250 g. Erbsen, 250 g. Brechbohnen, etwas Kohlrabi, Kartoffeln. ½ Liter Milch, je nach persönlichem Geschmack auch etwas mehr. 50 g. Butter, Petersilie. Etwas Salz und Zucker.

Man kocht die Wurzeln, Erbsen, Bohnen und Kohlrabi mit dem Zusatz von Salz und Zucker mit wenig Wasser gar. Gesondert gekochte Kartoffeln (Salz-, besser Pellkartoffeln) werden in Würfel geschnitten und dazu gegeben. Ebenso Petersilie und Butter. Das Gemüsewasser bleibt im Kochtopf. Die Milch kocht man auf und gießt sie in den Gemüsetopf zum Gemüse und den Kartoffeln. Dann nochmals abschmecken.

Das Gericht wird heiß bzw. warm serviert. Man ißt es aus tiefen Tellern. Dazu gibt es geräucherten Schinken.«

Alles Glück dieser Erde…

Reiterglück und Strukturwandel

Wenn die allerjüngsten Reiterinnen und Reiter – Altersstufe etwa Grundschule und jünger – vom Reiterhof Nedderby auf den »richtigen großen Pferden« ihren langen Ausritt machen, sind sie sichtlich stolz. Es tut dem Kinder-Reiterglück auf der ziemlich langen Strecke zwischen Nedderby / Husby / Gremmerup / Nedderby auch keinen Abbruch, daß jedes Pferd vorsorglich von einem Erwachsenen am Zügel geführt wird. Zurück auf dem Reiterhof – viele strahlende Kinderaugen. Keine Frage, Reiterhöfe sind ein nachfragegerechtes Dienstleistungsangebot.

Hof Nedderby war nicht schon immer ein solcher Reiterhof. »*Nee, nee*«, erzählt im unmittelbar benachbarten Gremmerup ein etwa 70jähriger, »*früher war Nedderby ja nur ein großer landwirtschaftlicher Betrieb. Ich kann mich erinnern, daß so Anfang der 40er Jahre wir mit unserer Kuh, wenn sie – wie man sagt – ›ossig‹ war, also so'n bißchen liebestoll, damit nach Nedderby gingen, weil dort ein stattlicher Bulle stand. Der sorgte dann dafür, daß die Kuh bekam, wonach sie Sehnsucht hatte. Auf natürliche Weise. Heute haben die dafür ja die künstliche Befruchtung.*« Sprach's und schüttelte leicht den Kopf.

Man nennt wohl auch das Strukturwandel: Von einem landwirtschaftlichen Betrieb mit strammer Bullenhaltung zum Reiterhof. Und von der natürlichen zur künstlichen Befruchtung – beim Rindvieh.

Die Klüterkammer kam ins Museum

Kleine Dorfmuseen und volkstümliche Sammlungen gibt es in Angeln in einer Anzahl und in einer regionalen Dichte wie nirgends sonst in Schleswig-Holstein. Sammelleidenschaft und Heimatverbundenheit führten aus bescheidenen Anfängen zu beachtlichen Sammlungen. Heimatkundliches und volkskundliches Gut und Gerät konnte so vor dem unwiederruflichen »Untergang« bewahrt werden. Die ehrenamtlich und vielfach vollständig privat geführten Dorfmuseen zeigen sehr ursprünglich und »volksnah«, sehr faßbar, anschaulich und – im Wortsinn – begreifbar, wie die Menschen in den Dörfern Angelns in früherer Zeit arbeiteten, wohnten, zur Schule gingen, lebten und liebten. Das Interesse der Bewohner, aber auch vieler Feriengäste an diesen Klein-, Dorf-, Mini-, Schul-, Dachboden- und Scheunenmuseen ist beachtlich groß. Tendenz: weiter steigend.

Die allermeisten dieser Museen sind Mitglied der »Arbeitsgemeinschaft der volkskundlichen Sammlungen des Kreises Schleswig-Flensburg e.V.« mit Sitz in 24837 Schleswig, Suadicanistr. 1. Von dort ist auch ein Merkblatt zu erhalten mit Namen, Anschriften, Öffnungszeiten und Kurzbeschreibungen der Museen.

Als ergänzende Lektüre empfohlen sei das Büchlein »Kostbarkeiten aus der Klüterkammer – Kursbuch der Museumslandschaft Schleswig-Flensburg«* von Wolfgang Börnsen. Der Mann ist von Haus aus Lehrer, langjähriges Mitglied des Deutschen Bundestages und außerdem Mitbegründer und seit mehr als 20 Jahren Leiter des »Kleinen Angelner Dorfmuseums« in Bönstrup.

* Herausgeber: Vorgenannte Arbeitsgemeinschaft.
Das Buch ist 1995 in 1. Auflage erschienen.

In Munkbrarup notiert

Für Munkbrarups mittelalterliche Granitquaderkirche mit dem kurzen, aber besonders breiten Kirchenschiff und dem gedrungenen, kräftig wirkenden Turm ist der Begriff »Gottesburg« wohl zutreffend gewählt. So machtvoll-massiv der Baukörper der Kirche erscheint, so überraschend feingliedrig und meisterhaft gestaltet ist das Südportal. Die sechs schmalen Rundsäulen mit Bildwerk-Kapitellen stützen die dreigestuften Quader-Rundbögen darüber. In die Mitte des vorderen Bogens ist eine weitere figürliche Steinmetzarbeit eingepaßt. Für eine Dorfkirche ist ein solches kostbares Portal überraschend.

Der Munkbrarup-Besucher überlegt: *»Für die Menschen vor ein paar Jahrhunderten muß ein derartiger Kirchenbau enorme finanzielle Leistungen und Lasten bedeutet haben. Wer mag das wie bezahlt haben?«*

Ein Schmuckstück ist Munkbrarups kleiner Dorfteich mit umgebender Grünfläche. Auch hier eine Anregung, über Vergangenes nachzudenken. Ein Gedenkstein erinnert mit eingemeißelten Inschriften an die Einkopplung von 1782 und an die Flurbereinigung von 1956.

Die Windmühle »Hoffnung« könnte ebenfalls aus vergangenen Zeiten berichten. 1858 soll sie in Meierwik erbaut worden sein. Zehn Jahre später, 1868, ist sie dann »umgezogen«, hierher auf die Hügelkette von Munkbrarup. Mit ihrem weißen Flügelkreuz »leuchtet« sie weit in die Landschaft.

»Sommer-Kirche«

Die Pastorinnen und Pastoren der evangelischen Kirchengemeinden im Angeliter Land beharren nicht allein in den traditionellen Formen des Kirchenlebens. Die praktiziert man zwar selbstverständlich auch weiterhin. Ergänzend werden aber Veranstaltungen neuerer Art durchgeführt. Beispiel: die »Sommer-Kirche« der Kirchengemeinden Munkbrarup, Grundhof, Quern/Neukirchen und Steinbergkirche. Zielgruppen sind einerseits Urlauber in der Region, andererseits die einheimischen »Daheimgebliebenen«. Im kleinen Programmheft* der »Sommer-Kirche« liest sich das wie folgt:

»Der Sommer ist die Zeit, um aufzutanken, sich Gutes zu tun, neue Anstöße zu bekommen, Dinge mit neuen Augen zu betrachten, nach innen zu schauen. Wir laden Sie herzlich zu unseren Veranstaltungen ein und freuen uns darauf, mit Ihnen ins Gespräch zu kommen.«

Und das sind, auszugsweise, einige der Veranstaltungen:

- Morgenwanderung mit Frühstück, Andacht und den Söruper Bläsern
- Gottesdienstfahrt ins Blaue
- Hafen-Gottesdienst in Langballigau
- Wald-Gottesdienst mit den Söruper Bläsern
- Freiluft-Gottesdienst auf Gut Oestergaard mit Posaunenchor
- Kirchenbesuchsfahrt
- Strandgottesdienst in Habernis
- Kirchenerkundungen

Eine Urlauberin aus Dortmund meinte: *»Eigentlich bin ich gar keine Kirchengängerin oder Kirchenbesucherin. Aber die geführten Erkundungen der Kirchen in Munkbrarup und im Grundhof haben mich doch sehr beeindruckt. Außerdem waren es mal außergewöhnliche Urlaubserlebnisse.«*

Für Kinder von 4 bis 12 Jahren führt die »Sommer-Kirche« ein eigenes Programm durch, zum Beispiel:

- Gute-Nacht-Geschichte am Strand
- »Am Strand gibt es viele Schätze«
- »Du hast uns Deine Welt geschenkt« – Familiengottesdienst mit Picknick
- Eine Nacht im Heu
- Ein Fest rund um die Schöpfung

Übrigens: Sommerprogramme gehören inzwischen auch in manchen anderen Gemeinden zum kirchlichen Leben. Einfach nachfragen!

* Programm 1998

… und noch mehr Mühlen

Wo Korn wächst, wird es zu Mehl, Schrot, Grütze und Graupen vermahlen. Bauernland Angeln war immer reiches Kornland. Es gab viel zu mahlen. Deshalb war die Landschaft früher dicht besetzt mit Wassermühlen und noch mehr mit Windmühlen. Berthold Hamer nennt in seiner »Topographie der Landschaft Angeln« 51 ehemalige Standorte von Wassermühlen und 95 Orte, in denen einst Windmühlen ihre großen Flügel drehten. Orts- und Ortsteilnamen, Siedlungs- und Landschaftsbezeichnungen erinnern an die große Angelner Mühlenzeit. Beispiele: Boelschubymühle, Hesselmühle, Hollmühle, Hürupmühle, Husbymühle, Lindaumühlenholz, Loitmühle, Mohrkirchmühle, Mühlenbrück, Mühlendamm, Mühlenfeld, Mühlenholz, Sörupmühle, Streichmühle, Unewattmühle, Wassermühlenholz. Und auch Esgruser Mühlenstrom, Havetofter Mühlenbach, Hesselmühlenau, Mühlenholzer Au, Schaalbyer Mühlenau.

Der Einsatz des Walzenstuhles anstelle von Mahlsteinen, neue Energien und deren Technik - Dampfmaschine, Diesel- und Elektromotor - führten zum Entstehen industriell arbeitender Großmühlen. Die Wasser- und Windmüller waren nicht mehr konkurrenzfähig, mußten nach und nach aufgeben. Die Wasserräder standen still, die Windmühlenflügel drehten sich nicht mehr. Viele der stillgelegten Mühlengebäude verfielen, wurden abgebrochen. Bevor sich - beginnend insbesondere in den 1970er Jahren - die Erkenntnis durchsetzte, daß alte Mühlengebäude nicht nur historische Kulturdenkmäler, sondern auch eine Zierde der Landschaft sind, war es für die meisten Mühlen bereits zu spät - sie waren verschwunden oder bis zur Unkenntlichkeit umgebaut.

Die Windmühle zu Bobeck

Mit Ausnahmen. In Angeln blieben erfreulicherweise mehr Mühlen als in anderen Landschaften erhalten oder wurden restauriert. Windmühlen zum Beispiel in Kappeln, Lindaumühlenholz, Munkbrarup, Nübelfeld, Schwensby, Unewatt, Westerholz, Bobeck und auf der Birk bei Gelting. Die Mühlen in Munkbrarup (nach Vereinbarung) und in Unewatt (im Rahmen des Museumsdorfes Unewatt) können auch innen besichtigt werden. Das gilt auch für die Wassermühle Schaalby (Öffnungszeit nach Vereinbarung).

Hüruper Straßennamen

In Hürup auf Straßenschildern gelesen: Bahnhofstraße, Mühlenstraße, Meiereistraße. Straßennamen als Erinnerung an eine Zeit, in der die wirtschaftliche Struktur des Ortes eine andere war. Der Bahnhof als Haltestelle der Kleinbahn Flensburg - Satrup - Rundhof hatte 1938 ausgedient. Für die Windmühle auf dem Holmberg war 1963 endgültig Schluß. Die Meierei stellte nach 79 Betriebsjahren 1966 die Zentrifugen ab.

Und wie kamen die Hüruper Straßen Liebesallee, Butterkuhle und Anneslück zu ihren Namen? Sind auch sie Reminiszenzen an die Vergangenheit?

Bürgermeister Peter Matthiesen, unterstützt vom »Chronisten« des Ortes, Johannes Lorenzen, haben dazu auf Anfrage einiges mitgeteilt. Der Straßenname Liebesallee hat sich erst (vermutlich aus denkbarem Grund) nach dem Zweiten Weltkrieg eingebürgert. Die vorherige Bezeichnung lautete Brakuhlenweg. Anneslück als Straßenname ist in der Tat historisch belegt, nach dänischen Quellen bereits 1715 und 1772 als Anneslyck urkundlich. Lyck, auf deutsch Lück, bedeutet Koppel, Acker. Auch die Butterkuhle ist sprachlich dänischen Ursprungs und ebenfalls schon vor mehr als 200 Jahren als Ballekule bekannt. Aus Ballekule hat sich dann Butterkuhle entwickelt.

Wer's denn ausführlicher und genauer wissen möchte, wie es einst in Hürup zuging, dem sei die 1991 erschienene »Chronik des Kirchspiels Hürup« empfohlen.

Selbstverständlich lebt Hürup nicht nur im Gestern, sondern sehr aktiv auch hier und heute. Neben Handelsunternehmen, Gewerbetreibenden, Dienstleistern und Freiberuflern unserer Zeit geben davon das moderne »Dörpshus Hürup« und - gleich daneben - die Sporthalle Zeugnis. Die Kirche mit ihrem interessant-eigenartig geformten, holzschindelgedeckten Turm und der Jahreszahl 1785 als eisernen Maueranker repräsentiert Vergangenheit, Gegenwart und Zukunft zugleich.

Um Gegenwart und Zukunft kümmert sich auch die Amtsverwaltung. Nicht nur für Hürup, sondern ebenso für die amts-zugehörigen Gemeinden Ausacker, Freienwill, Großsolt, Husby, Maasbüll und Tastrup. Übrigens: Die kleine Grünanlage auf leicht ansteigender Fläche vor dem Amtsgebäude, an drei Seiten von Reihen alter Linden eingefaßt, gehört zweifelsfrei zu Hürups feinen Vorzeigeplätzen.

Schutzgemeinschaft Deutscher Wald

Die Waldfläche Angelns beträgt nur etwa 6 %. Weil sich aber viele kleine Bauernwälder und einige mittelgroße Gutswälder und Staatsforsten landschaftsschmückend über die gesamte Region verteilen, entsteht nirgends der Eindruck von Waldarmut. Hinzu kommt das grüne, verbindende Netz der Knicks und viele solitär in der Landschaft stehende Einzelbäume.

»Das Grün unserer Gehölze insgesamt gilt es zu erhalten, sicherzustellen auch für die künftigen Generationen. Der Luft, des Wasserhaushalts, der Gesundheit aller Lebewesen, des gesamten Kreislaufs der Natur wegen.« Das ist das Credo von Cai-Asmus von Rumohr-Drült, dem Vorsitzenden der Kreisgruppe Schleswig-Flensburg der Schutzgemeinschaft Deutscher Wald. Wenn dieser Land- und Forstwirt, Gutsbesitzer auf Drült, lebhaft, präzise, interessant von dieser *»ältesten Bürgerinitiative Deutschlands«* berichtet, erfährt der Zuhörer nicht nur bedeutsame Fakten, sondern spürt auch das große innere Engagement dieses Mannes für den Wald. Dem es insgesamt nicht so gut gehe, Baumsterben infolge Zivilisationsschäden gebe es auch in Angeln.

Cai-Asmus von Rumohr-Drült führt eine Familientradition fort. Sein Vater, Dr. Henning von Rumohr, war bei der Gründung der Schutzgemeinschaft Deutscher Wald im Jahre 1947 ein »Mann der ersten Stunde«. Damals ging es darum, das maßlose, unsinnige Abholzen, das »Plattmachen« großer geschlossener Flächen möglichst zu verhindern, den Einschlag in geordnete Bahnen zu lenken. Denn auch schon vor 50 Jahren galt, daß auf Wälder als »grüne Lungen« nicht verzichtet werden kann und darf.

Heute fördert die Schutzgemeinschaft Deutscher Wald (SDW) durch vielerlei Aktivitäten und Beratungen unter anderem Schulwälder, Lehrbiotope, Waldkindergärten, Waldlehrpfade, Neupflanzungen zum Beispiel von Solitärbäumen auf markanten Plätzen in der Landschaft.

Auch das erläutert der Kreisvorsitzende: *»Die Schutzgemeinschaft Deutscher Wald ist ein Verband nach § 29 Bundesnaturschutzgesetz. Das heißt, wir dürfen und sollen Stellungnahmen abgeben bei Maßnahmen, die zu Eingriffen in die Natur führen. Im übrigen: Die SDW ist unabhängig, nicht staatlich, gemeinnützig und ehrenamtlich. Und wir sind kein Interessenverband von Waldbesitzern mit wirtschaftlichen Absichten. Jeder kann Mitglied sein in dieser Schutzgemeinschaft, die sich im Untertitel ›Bund zur Förderung der Landespflege‹ nennt.«*

Und dann meint Cai-Asmus von Rumohr-Drült noch, kämpferisch sei die SDW eigentlich nicht. Ihre Attitüde sei mehr die freundliche Beeinflussung, die Freiwilligkeit, die Motivation.

Motivieren und begeistern für Wald- und Landespflege kann dieser Mann allemal.

Knickernte

Die vielen langen Knicks in der »freien« Landschaft sind kein Allgemeingut. Herrenlos sind sie schon gar nicht. Jeder Meter Knick mit zugehörigem Feld oder Weg hat einen Eigentümer, klipp und klar notiert in den Grundbüchern beim Amtsgericht.

Folglich haben Fremde am Knick eigentlich nichts zu suchen. Gäbe es da nicht eine Sache, die seit ewig-langen Zeiten betrieben wird, quasi gewohnheitsrechtlich. Die Rede ist vom Ernten am Knick durch jedermann und jedefrau zur Herbstzeit. Die Landwirte pflegen es zu dulden, solange auf den Feldern keine Saaten runtergetreten oder andere Schäden verursacht werden.

Zwar ist in unserer Zeit der Supermarkt-Rundum-Versorgung die Anzahl der Pflücker am Knick klein geworden. Verschwunden sind sie nicht. Wo sonst sind absolut frische, garantiert naturbelassene und zudem auch noch kostenlose Brombeeren, Fliederbeeren, Haselnüsse und Schlehen zu ernten? Schlehen, weiß der Kenner, werden erst nach dem ersten Frost gepflückt.

Knickernten macht Spaß. Besonders dann, wenn man nach einer Strecke des Suchens wieder eine »gute Stelle« gefunden hat. Die Bewegung an frischer Luft ersetzt außerdem glatt ein Fitneßprogramm.

In den Hungerjahren nach dem Zweiten Weltkrieg wurden auch Hagebutten gepflückt. Daraus läßt sich vortrefflich Marmelade bereiten und auch Suppe kochen. Allerdings ist das erforderliche Auspulen der Früchte – das Entfernen der Kerne und feinen Härchen – eine höchst mühevolle Beschäftigung. Deshalb bleiben Hagebutten heute fast gänzlich ungepflückt. Mit ihrem glänzend-leuchtenden Rot erfreuen sie den Spaziergänger selbst noch im Dezember am sonst winterlich kahlen Knick.

Nachsatz: Ein »Leerernten« der Knicks durch die Pflücker im Herbst findet nicht statt. Für die Tier- und Vogelwelt bleibt reichlich Knicknahrung erhalten.

Hagebuttenmus

»Hagebutten-Muß. Die ausgekernten Hagebutten in kaltes Wasser gelegt, nach gutem Auswaschen alles noch rückständige Faserige mit anderem Wasser, dessen Menge nicht zu groß seyn darf (nach Belieben mit etwas Citronenschale u. Zimmt) weich gekocht, durch ein Haarsieb gerieben, dann in Zucker, der durch Sieden mit etwas Wasser so weit eingedickt ist, daß er vom Spatel ablaufend perlt oder Blasen wirft (auf 1 Pfund ausgekernt gewogene Hagebutten 1 Pfund Zucker) geschüttet, und unter stetem Rühren vollends zum dicken Muß eingekocht. Hat man daß Muß nicht schon vorher gewürzt, so kann man nach dem Verkühlen noch beliebig einige Tropfen Citronenöl, Zimmt- oder Nelkenöl zusetzen. Die Aufbewahrung geschieht in gut zugebundenen Gefäßen.«

(Aus: »Das Hauslexikon«, dritter Band, 1835)

Glücksburg

»Vor dem Schlosse auf einer Anhöhe liegt der Flecken Glücksburg, welcher sich nach und nach vergrößert hat; er enthält 108 Häuser, worunter 80 Häuser mit Land, 2 Wassermühlen und 1 Windmühle. - Zahl der Einwohner: 751, worunter der Hardesvogt der Munkbrarupharde, 1 Arzt, 5 Kaufleute und mehrere Handwerker. - 1 Wirthshaus, 1 Brauerei und Brennerei.«

(Aus: »Topographie des Herzogthums Schleswig« von Johannes von Schröder, 2. Auflage, 1854)

Unten und rechts:
Seeheilbad Glücksburg

Innenstadt gesucht

Die netten Bewohner von Kappeln und Gelting, von Süderbrarup und Langballig, von Sörup, Satrup und Sterup, von Steinberghaff und Bad Arnis und von allen weiteren Orten des Angeliter Landes mögen - bitte! - verzeihen. Aber es darf, es muß gesagt sein: Stadt Glücksburg ist »irgendwie« eine Klasse für sich. Ein anerkanntes Seeheilbad mit einem Touch von Eleganz, noch immer mit einer Prise Charme aus herzoglichen Zeiten. Auch gediegen - in des Wortes bester Bedeutung.

Stadt Glücksburg ist 3968 Hektar groß. Eine Fläche, die ausreichen würde, darauf eine respektable Großstadt zu errichten. Davon kann hier keine Rede sein. Dem Besucher fällt es sogar

Mittwochs Réunion

schwer, so eine Art Innenstadt auszumachen. Glücksburg ist selbst im eigentlichen Kerngebiet überwiegend eine Gartenstadt mit lockerer Bebauung inmitten von ganz, ganz viel Grün.

Zudem sind von den 3968 Hektar Gesamt-Stadtgebiet etwa 2104 Hektar Wasserflächen. Glücksburg ist zu drei Seiten von Ostsee-Förde-Wasser eingefaßt. Mit Küstenformationen jeder Art, gepflegte Badestrände inclusive. 577 Hektar sind Wald. Manche »Stadtteile«, wie die vormals selbständigen Dörfer und Siedlungen Holnis, Bockholm und Schausende, liegen »draußen im Land«, auf der Halbinsel Holnis. Aber das alles ist Glücksburg, die Stadt mit insgesamt 6.300 Einwohnern.

Keine Frage, diese kleine feine Stadt - Seeheilbad mit allem, was dazu gehört - ist etwas Besonderes in der Landschaft Angeln.

»Glücksburg, ein Flecken mit ca. 1200 Einwohnern, 11 km nördlich von Flensburg, wird als Seebad wie als klimatischer Kurort viel besucht. Das Bade-Etablissement, 1872 eröffnet, liegt ca. 15 Minuten vom Orte entfernt an der Flensburger Föhrde. Im Garten des Strandhotels Sonntag, Mittwoch und Freitag nachmittags Konzert, Mittwoch abends Réunion. Frequenz in den letzten Jahren 2400 bis 2600 Badegäste aus ganz Deutschland. Sehenswert ist das von Herzog Johann dem Jüngeren von Sonderburg 1582-1587 erbaute Schloß mit Teich (Echo) und Park. In dem Schlosse starb 1863 König Friedrich VII. von Dänemark (...)«.

(Aus: »Griebens Reisebücher Band 55. Die Ost- und Nordsee-Bäder.« Sechste Auflage, Verlag von Albert Goldschmidt, 1894)

Schloß Glücksburg

Es ist in der Landschaft Angeln das einzige wirkliche Schloß. Schließlich war Glücksburg vor Zeiten ein »richtiges« Herzogtum, Residenz eines regierenden Fürsten. Und ein typischer Fall von Kleinstaaterei.

Das berühmte Wasserschloß mit den vier Achtecktürmen erinnert in seiner gedrungenen Mächtigkeit ein wenig an eine mittelalterliche Burg. Dennoch wirkt dieser 1582–1587 errichtete, formschöne Bau nicht ernst oder abweisend, sondern freundlich. Dafür sorgen schon die strahlend weißen Mauern und die hohen roten Ziegeldächer der von den Türmen eingefaßten, unmittelbar aneinandergebauten drei Giebelhäuser, die den eigentlichen Baukörper darstellen. Dehio* schreibt: »Die Baugesinnung der Renaissance ist heute vor allem in der klaren Grundrißdisposition und den ausgewogenen Verhältnissen spürbar.«

Spiegelt sich das sonnenbeschienene Schloß Glücksburg im Schloßteich, ergibt sich das allerschönste Foto- und Filmmotiv. Ein paar Enten auf dem Wasser komplettieren den Eindruck des Märchenhaften.

Der Zufahrtsdamm mit dem nach 1786 gebauten Torhaus (darauf eine Wetterfahne mit Fürstenkrone), der rechteckige Schloßhof mit dem ehemaligen »Kavalierhaus« und den einstigen Wirtschaftsgebäuden, dazu ein öffentlich zugänglicher kleiner Schloßpark mit Alleen und sehenswerten Baumveteranen sowie die Orangerie von 1827 vervollständigen die Schloßanlage zu einem harmonischen Ganzen. Noch immer mit einem Hauch fürstlicher Noblesse.

* »Handbuch der Deutschen Kunstdenkmäler« von Geropr Dehio, Ausgabe Hamburg, Schleswig-Holstein. Deutscher Kunstverlag, 1994

Schloß Glücksburg und das Rudekloster

Schloß Glücksburg, eines der herausragenden Vorzeigeobjekte Angelns, wurde von Herzog Johann dem Jüngeren von Schleswig-Holstein-Sonderburg ab 1582 auf jenem Gelände errichtet, auf dem zuvor 335 Jahre lang – 1209 bis 1544 – das Rudekloster stand. Christian III. von Dänemark hatte das Kloster »eingezogen«, nachdem er in seinen Landen seit 1536 die lutherische Lehre praktizieren ließ.

Gut evangelisch sind die Angeliter (die allermeisten jedenfalls) bis heute geblieben. Vom längst vergangenen katholischen Rudekloster aber berichten sie noch immer. Etwa so:

»Die ersten Berichte über das Rudekloster datieren aus der Zeit etwa Ende des 12. Jahrhunderts. Damals stand es auf dem Michaelisberg in Schleswig, und es galten die Benediktinerregeln. Allerdings: es war ein Doppelkloster für Mönche und Nonnen. Die haben es schlimm getrieben und sehr unkeusch gelebt. Was wohl der heilige Benedikt von Nursia – der Begründer des abendländischen Mönchstums – dazu gesagt hätte. Er soll sich ja gegen ›Anfechtungen des Fleisches‹ in jungen Jahren nackt im Dornenstrauch gewälzt haben. Dem Bischof jedenfalls war das Treiben der Mönche und Nonnen auf

dem Schleswiger Michaelisberg zuviel. Er befahl den Mönchen, künftig nach den Zisterzienserregeln zu leben und quartierte sie obendrein aus auf die Halbinsel Guldholm am Langsee.

Selbstverständlich ohne die Nonnen. Das gefiel den Mönchen überhaupt nicht, es gab Streit und sie kehrten in ihr altes Kloster zurück. Das soll im Jahre 1192 gewesen sein. Aber sie mußten dann doch für ein paar Jahre zurück nach Guldholm, bevor 1209 das Kloster, den Zisterziensern weiterhin zugehörig, in die Gegend des heutigen Schlosses Glücksburg verlegt wurde. Das Landstück wurde damals ›rus regis‹ genannt. Daraus hat sich die Bezeichnung Rudekloster entwickelt. Außer dem Namen ist von dem Kloster nichts geblieben.«

Die letzte Aussage stimmt nur bedingt. Herzog Johann der Jüngere ließ nämlich die noch stehenden Gebäude des Rudeklosters abtragen und die so gewonnenen Baumaterialien für seinen Schloßbau verwenden. Mit anderen Worten: In Schloß Glücksburg steckt ein Teil des Rudeklosters.

»Gott gebe Glück mit Frieden«

Der blankgewienerte Fichtenholz-Dielenfußboden des 30 Meter langen »Roten Saales« im ersten Stock von Schloß Glücksburg ist noch das Original aus der Entstehungszeit dieses Spätrenaissancebaues. Sagt die nette Saalaufsicht. Um diesen 400 Jahre alten, von keinem Holzwurm befallenen historischen Holzfußboden zu schonen, ist Betreten nur mit Filzpantoffeln in Riesengrößen erlaubt. Die werden kostenfrei ausgeliehen und über die Straßenschuhe gestülpt. So gleiten die Besucher im rutschenden Schlittschuhschritt dahin. Und bewundern das großartige Tonnengewölbe in knapp vier Metern Höhe. Es überspannt die gesamte Länge und Breite des Saales und stammt ebenfalls aus der Bauzeit des

Schlosses. Feine Stuckarbeiten aus jener Zeit schmücken den Gewölbe-»Himmel«: Sterne, Rosetten, kleine Kinderkopfbüsten. »*Die Kinderköpfe stellen die 23 Kinder dar, die Herzog Hans mit zwei Frauen (nacheinander) hatte.*« Verrät die Saalaufsicht dem neugierig fragenden Besucher.

1923 wurde Schloß Glücksburg, der Familiensitz der Herzöge zu Schleswig-Holstein, in eine Stiftung umgewandelt und ist seit 1925 als Schloßmuseum der Öffentlichkeit zugänglich. Fast alle Räume, vom Vestibül bis zur Schloßkapelle, von den Turmzimmern bis zu Eß- und Schlafräumen, auch die Gobelin-, Musik- und Markgrafenzimmer, können besichtigt werden. Ebenfalls der

»Weiße Saal« im zweiten Obergeschoß - ohne Filzpantoffeln. Ganz früher, so wird vermutet, diente das 2. Stockwerk als Kornspeicher. Heute finden im »Weißen Saal« Konzerte, Lesungen, sonstige kulturelle Veranstaltungen statt.

In den als Museum genutzten Räumen sind Goldledertapeten, vor allem aber eine Anzahl großer Gobelins besonders sehenswert. Die über 200 Jahre alten Wandteppiche, mit immer noch leuchtenden Farben, stammen aus Brüsseler Werkstätten und zeigen höfische Parklandschaften sowie fröhliche Genreszenen aus dem Leben der einfachen Leute mit Spiel, Tanz, Festlichkeit und auf dem Markt.

Edles Porzellan der Manufakturen Meißen und Berlin (zum Teil von Friedrich dem Großen geschenkt), schweres Silber, Möbel aus jener Zeit, Öfen sind weitere Exponate in den für Besucher zugänglichen Räumen.

Nicht zu vergessen die vielen großformatigen Porträtgemälde, eine spezielle Form von Ahnentafel des herzoglich-fürstlichen Hauses Schleswig-Holstein und zugehöriger hochblaublütiger Verwandtschaft. Kleine Schrifttafeln an jedem Bild erläutern, um wen es sich jeweils handelt.

Keine Frage, Schloß Glücksburg ist außen wie innen sehenswert, hat eine besondere Atmosphäre. Christoph Prinz zu Schleswig-Holstein, Stiftungsvorstand der Stiftung Schloß Glücksburg, hat diesen Wunsch formuliert:

»Mögen sich noch viele Besucher von Schloß Glücksburg im Sinne des Wahlspruches seines Erbauers inspirieren lassen: Gott gebe Glück mit Frieden.«

Vom guten Tilsiter zum allerfeinsten Fruchtsaft

Man schrieb das Jahr 1888, als die Bauern von Ekenis, Güderott, Kaltoft und Kiesby ihre Genossenschaftsmeierei in Kaltoft gründeten. Auf der Rückseite des einstige Meiereigebäudes ist in der gelben Backsteinwand die aus roten Steinen geformte Jahreszahl 1888 noch heute zu lesen.

Meierist Hans-Georg Lassen* war hier der letzte Betriebsleiter. Lebhaft und anschaulich berichtet der heute 79jährige vom damaligen Betriebsgeschehen: »*Die Jahresanlieferung betrug Ende der 50er Jahre 2,3 Millionen Kilogramm Milch. Hergestellt haben wir vor allem Käse, speziell Tilsiter, und Butter. Der Tilsiter reifte in großen Kellerräumen mit besonderem, natürlichem Raumklima. Der Käse, das war noch Qualität.*«

1959 hat die Meierei Kaltoft -wie in der Zeit so viele andere ländliche Meiereien auch - ihren Betrieb eingestellt. Gebäude und Anlagen wurden von der Süßmosterei Steinmeier übernommen. Heinz Steinmeier, glücklich aus dem Krieg heimgekehrt, hat den Betrieb 1948 mit einem Stammkapital von 40,- DM (dem berühmten »Kopfgeld« zur Währungsreform im selben Jahr) in der elterlichen Kate in Grummark gegründet.

Inzwischen ist Steinmeier auch bereits ein Traditionsunternehmen in Angeln. Das 50jährige Betriebsjubiläum wurde 1998 gefeiert. Bernadette und Heinz-Wilhelm Steinmeier - die den Betrieb heute führen - sind zu Recht stolz auf ihre oft prämierten naturreinen Spitzenqualitäten aus der nördlichsten Süßmosterei Deutschlands. Die Produktionsanlagen in den mehrfach erweiterten und auch umgebauten Gebäuden sind modernste Technik. In der Süßmosterei Steinmeier wird das erntefrische Obst vitaminschonend ausschließlich kalt gepreßt. Vor der Abfüllung werden die Säfte nach einem werterhaltenden Verfahren auf 80 bis 92 Grad Celsius kurzzeiterhitzt. Sie gelangen im heißen Zustand in die Flaschen. Die werden sofort verschlossen und runtergekühlt, es entsteht ein leichtes Vakuum: Die Säfte sind ohne chemische Konservierungsstoffe haltbar gemacht.

Außerdem: Für viele Schleswig-Holsteiner ist es geradezu eine Selbstverständlichkeit, der Süßmosterei Steinmeier in Kaltoft ihre Apfelernten anzuvertrauen. In der Lohnmosterei entsteht aus frischgepressten Früchten bekömmlicher Saft. Und so lecker ...

** Das Gespräch mit Hans-Georg Lassen wurde im Juli 1999 geführt*

Rechts oben: Süßmosterei Steinmeier – Qualität aus Angeln

Rechts unten: Die charakteristischen Farben der Fahrzeugflotte Steinmeier fallen auf!

SÜSSMOSTEREI
H. Steinmeier
KALTOFT bei SÜDERBRARUP

Steinmeier
SÜSSMOSTEREI
Steinmeier
Fruchtsäfte
vom Feinsten
HORST
SCANIA
93M
250
SL-DD 510

Ein Herbsttag

Anfang November. Drei Tage lang hat ein Sturmtief anhaltenden Regen übers Land gepeitscht. Jetzt ist die Schlechtwetterfront abgezogen. Spätherbstlicher Sonnenschein leuchtet. Die Luft ist kühl, klar, absolut rein. Die Weitsicht großartig. Alles rundum scheint wie frisch gewaschen. Im Knick ein Pfaffenhütchenstrauch ist mit den rotorangen Fruchtständen übervoll besetzt und zaubert einen intensiven Farbpunkt in die Landschaft. Der blaue Himmel spiegelt sich in kleinen Mini-Teichen, für kurze Zeit in den Senken im Feld entstanden aus dem noch nicht abgeflossenen, überreichlichen Regenwasser der vergangenen Tage.

Angeln im Herbst - schön!

Rechts: »Blick nach Übersee« - In Holnis-Spitze ist das dänische Ufer der Flensburger Förde zum Greifen nah!

Holnis-Spitze

Zu Holnis wacht der Zoll

Die schmale, langgestreckte Halbinsel Holnis ragt wie ein ausgestreckter, nach oben (sprich: Norden) weisender Finger weit hinein ins Ostseewasser. Und deshalb muß die Flensburger Förde hier einen Haken schlagen. Spaziergänger, die auf der hohen Steilküste von Holnis-Spitze stehen, werden dadurch mit traumhaft schönen Ausblicken belohnt: blinkendes, blaues Ostseewasser zu drei Seiten, links, geradeaus, rechts, »garniert« mit leuchtendweißen Segeln aufkreuzender Yachten.

Über das Fördewasser hinweg ist ganz nahe Dänemark zu besichtigen. Auch nach drei Seiten streckt sich die Halbinsel Holnis doch deutlich hinein in die dänische Küstenwelt. Der berühmte Zwillingsturm der Kirche von Broager ist - Richtung Nordost - ebenso zu erkennen wie nordwestlich das Kirchlein von Rinkenaes.

»Die nach dem Regulativ über die Zollbehandlung des Ein- und Ausganges nach und von den Häfen vom 28. Mai d. J. zum Anlegen bei dem Ansageposten zu Holnis an der Flensburger Föhrde verpflichteten Schiffe haben entweder an der Ost- oder an der Nordseite der Halbinsel Holnis, je nachdem die Königliche Zollflagge an jener oder dieser Seite weht, in möglichster Nähe der dort vorhandenen Landungsbrücken zu ankern und das Anbordkommen der Beamten zur Entgegennahme der Anmeldung abzuwarten. Soweit die Umstände es gestatten, wird die ganze Abfertigung am Bord der Schiffe bewirkt werden und brauchen die Schiffsführer in diesem Falle nicht an's Land zu gehen. Offene Böte haben in allen Fällen an der betreffenden Landungsbrücke anzulegen. (...)

Glücksstadt, den 14. September 1872.
Der Geheime Finanz-Rath u.
Provinzial-Steuer-Director.«

(Aus: »Amtsblatt der Königlichen Regierung zu Schleswig« vom 28. September 1872)

Höchst notwendige Schlußbemerkung

Der Autor - ein Kieler, der als Kind ein Jahr in Angeln lebte und zur Schule ging - ist zu allen Jahreszeiten durch Angeln gewandert und gefahren, hat oft auch »Station gemacht«. Er hat notiert und fotografiert, was ihm typisch erschien für Land und Leute, heute und gestern. Dazu gehören auch die »kleinen Dinge« am Rande.

So hat sich - hoffentlich - ein informativ-unterhaltsames Kaleidoskop zusammengefügt über diese interessante, liebenswerte Landschaft im Norden.

Allerdings war Vollständigkeit weder möglich noch beabsichtigt. Exemplarisch, beispielhaft wird Angeln vorgestellt. In diesem Sinne bitten Autor und Verlag um Verständnis, wenn in diesem Buch (zwangsläufig) »etwas fehlt«.

Von wegen »flacher Norden«!
Blick von der Steilküste bei Holnis-Spitze

Orts- und Sachregister

I

J

K

L

M

N

O

P

Q

R

S

T

U

W

Personenregister

N

O

P

R

S

T

V

W

Vom gleichen Autor lieferbar:

Alle Bände in Hardcover, Fadenheftung, durchgängig vierfarbig, ca. 200 Seiten, 39,90 DM

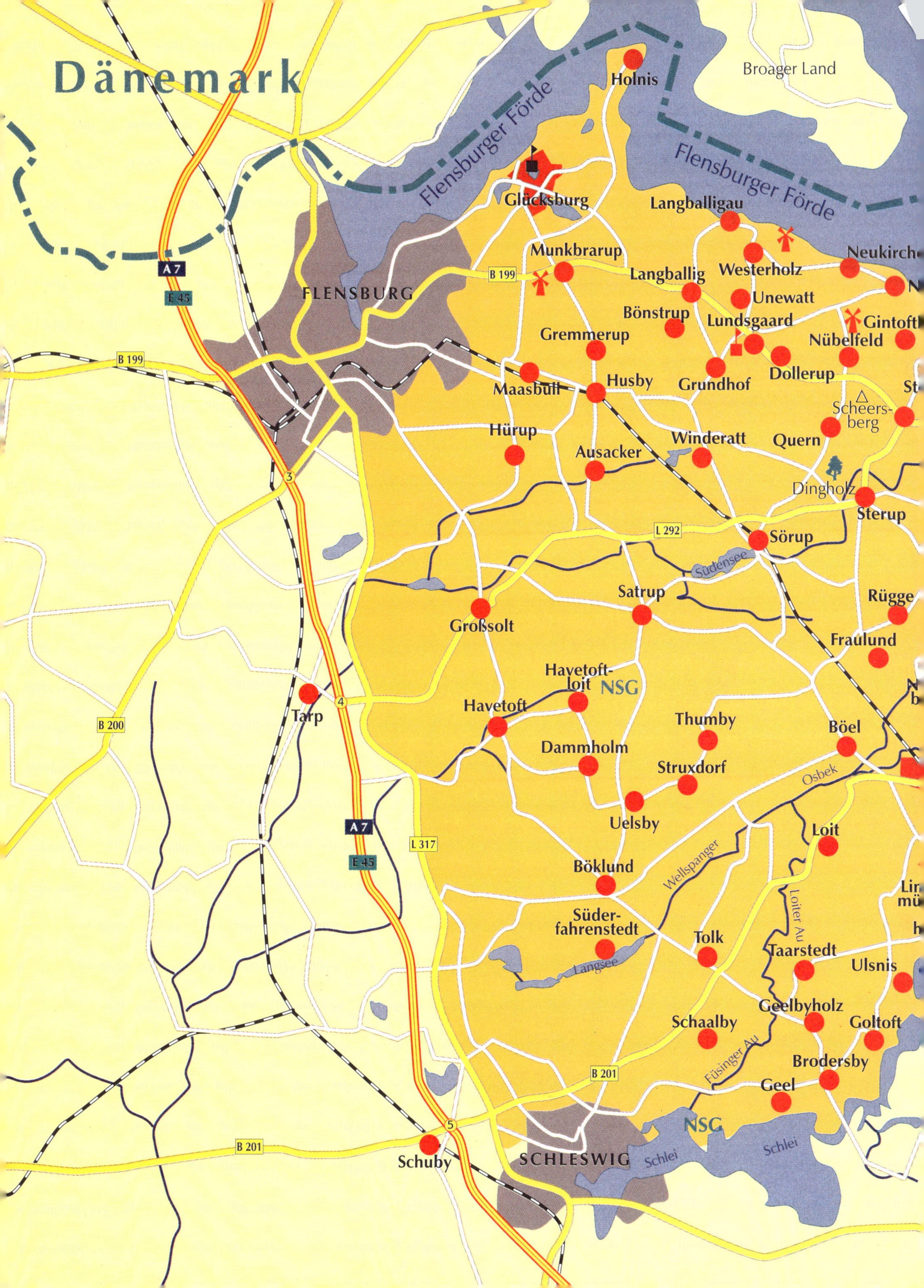

Dänemark
Holnis
Broager Land
Flensburger Förde
Flensburger Förde
Glücksburg
Langballigau
Munkbrarup
Westerholz
Neukirch
Langballig
Unewatt
FLENSBURG
B 199
Bönstrup
Lundsgaard
Gintoft
Gremmerup
Nübelfeld
Dollerup
Grundhof
Husby
Maasbüll
Scheers-
berg
Hürup
Winderatt
Quern
Ausacker
Dingholz
Sterup
L 292
Sörup
Südensee
Satrup
Rügge
Großsolt
Fraulund
Havetoft-
loit
NSG
Tarp
Havetoft
Thumby
Böel
Dammholm
Struxdorf
Osbek
Uelsby
Loit
A 7
E 45
L 317
B 200
Böklund
Wellspanger
Loiter Au
Süder-
fahrenstedt
Tolk
Taarstedt
Ulsnis
Langsee
Geelbyholz
Schaalby
Goltoft
Füsinger Au
Brodersby
B 201
Geel
NSG
Schuby
SCHLESWIG
Schlei
Schlei